A ARTE DE INFLUENCIAR PESSOAS

JOHN MAXWELL

A ARTE DE INFLUENCIAR PESSOAS

SOZINHO NÃO SE CHEGA A LUGAR ALGUM

Traduzido por OMAR DE SOUZA

Copyright © 1994, 1989 por Cook Communications Ministries / SP Publications, Inc.
Publicado originalmente por Cook Communications Ministries, Colorado, EUA.

Os textos das referências bíblicas foram extraídos da *Nova Tradução na Linguagem de Hoje* (Sociedade Bíblica do Brasil), salvo indicação específica.

Todos os direitos reservados e protegidos pela Lei 9.610, de 19/02/1998. É expressamente proibida a reprodução total ou parcial deste livro, por quaisquer meios (eletrônicos, mecânicos, fotográficos, gravação e outros), sem prévia autorização, por escrito, da editora.

Dados Internacionais de Catalogação na Publicação (CIP)
(Câmara Brasileira do Livro, SP, Brasil)

Maxwell, John C., 1947 —

A arte de influenciar pessoas: sozinho não se chega a lugar algum / John C. Maxwell; traduzido por Omar de Souza — São Paulo: Mundo Cristão, 2007.

Título original: Be a People Person
ISBN 978-85-7325-454-9

1. Liderança 2. Motivação (Psicologia) 3. Negócios 4. Relações interpessoais — Aspectos religiosos — Cristianismo I. Título.

07-0555   CDD—158.2

Índice para catálogo sistemático:
1. Relações interpessoais: Psicologia aplicada   158.2
Categoria: Negócios

Edição revisada segundo o Novo Acordo Ortográfico

Publicado no Brasil com todos os direitos reservados por:
Editora Mundo Cristão
Rua Antônio Carlos Tacconi, 69, São Paulo, SP, Brasil, CEP 04810-020
Telefone: (11) 2127-4147
www.mundocristao.com.br

1ª edição: março de 2007
19ª reimpressão: 2020

Esta obra é uma oportunidade de compreender, de forma detalhada, o que John Maxwell aprendeu e tem usado com sucesso ao longo de sua vida. A arte de influenciar pessoas: sozinho não se chega a lugar algum é um livro-guia. Até mesmo o Sumário serviu-me como estímulo ao pensamento e induziu-me a questionar qual é, em última análise, o principal requisito para o crescimento pessoal. As perguntas que fiz o livro respondeu.

FRED SMITH

Sumário

Dedicatória — 9

Prefácio — 11

1. O que me aproxima das pessoas?
   As qualidades que gostamos de ver nos outros — 13

2. O que aproxima as pessoas de mim?
   O que elas gostam em você e por quê — 35

3. Como demonstrar autoconfiança diante das pessoas
   Saiba como se sentir à vontade na presença delas — 51

4. Como se tornar um exemplo que outros desejam seguir
   Desenvolva as qualidades de um líder eficaz — 71

5. Motivação como fator de desenvolvimento pessoal
   Desenvolva a arte de fazer aflorar o melhor das pessoas — 89

6. Como conquistar o respeito das pessoas
   Compreenda o valor do caráter — 109

7. Você pode ser fator de incentivo
   Use suas habilidades para inspirar as pessoas a buscar excelência — 127

8. Como amar gente complicada
   Compreenda e ajude pessoas de temperamento difícil   139

9. Como lidar com as críticas
   Transforme confrontações em oportunidades de crescimento pessoal   157

10. Alguém em quem as pessoas podem confiar
    Faça da integridade elemento fundamental de seus relacionamentos   175

11. Um time vencedor
    Ajude outras pessoas a alcançar sucesso   187

Dedicatória

Este livro é dedicado às três congregações nas quais tive o privilégio de exercer ministério pastoral:

Igreja de Cristo em Christian Union
Hillham, Indiana
1969-1972

Igreja Memorial da Fé
Lancaster, Ohio
1972-1980

Igreja Wesleyana Skyline
Lemon Grove, Califórnia
1981-1995

Essas igrejas representam milhares de relacionamentos que moldaram minha liderança. Foi a partir dessas experiências que escrevi este livro. A única verdade que soa mais alto que qualquer outra é:

> As pessoas não se importam com quanto você sabe
> Até saber quanto você se importa com as pessoas.

Prefácio

SE DEUS CRIOU ALGUÉM CAPAZ DE conquistar qualquer um que esteja à sua volta, esse é John Maxwell. É só ele entrar em qualquer ambiente para que chame atenção das pessoas, as estimule a reagir com entusiasmo e as motive a partir para a ação. De seu carisma genuíno emana um espírito simpático e generoso, e numa época como a nossa, de televangelistas e líderes que adoram ostentação, John Maxwell se firma como rocha de integridade.

Durante os anos nos quais convivi com John como amigo e companheiro de palestras, observei que ele é exatamente o que se vê. Não há engodo ou falsidade em sua vida, e ele já percorreu pessoalmente todas as trilhas que recomenda às pessoas a quem fala.

Uma de minhas grandes alegrias pessoais é ter oportunidade de trabalhar com John em seminários sobre liderança e desfrutar a energia que ele gera em suas plateias. Embora possua habilidades excepcionais quando assume o microfone, o que mais me impressiona nele é a sinceridade que demonstra nos bastidores. Ele seleciona os membros de sua equipe a partir da força que demonstram em sua área de especialidade, e os ajuda a se tornar ainda mais fortes.

John incentiva o potencial individual das pessoas e é tão seguro do que faz que não precisa de puxa-sacos que o adulem o tempo todo. Seu ministério com pessoas é muito bem-sucedido e seu programa de discipulado combina desafios e responsabilidades.

Você vai adorar o senso de humor de John Maxwell, assim como sua habilidade de contar histórias com entusiasmo e emoção. Também se sentirá motivado a ser mais tolerante com gente de temperamento difícil e, se colocar os princípios deste livro em prática, nunca mais será a mesma pessoa.

FLORENCE LITTAUER
São Bernardino, Califórnia

1

O que me aproxima das pessoas?

As qualidades que gostamos de ver nos outros

A BASE DA VIDA SÃO PESSOAS E O MODO DE elas se relacionarem umas com as outras. O sucesso, a realização pessoal e a felicidade dependem de nossa capacidade efetiva de relacionamento. A melhor maneira de se tornar uma pessoa magnética é desenvolver qualidades que também nos sejam atraentes.

No momento em que eu preparava este capítulo, recebi um cartão anônimo de um membro de minha igreja. Foi especialmente valioso porque refletia a importância dos relacionamentos carinhosos e gratificantes:

> Quando pessoas especiais tocam nossa vida, compreendemos, de repente, como o mundo pode ser belo e maravilhoso. Elas mostram como as maiores esperanças e os sonhos podem nos levar longe, desde que olhemos para dentro de nós mesmos e acreditemos em nosso potencial. Elas nos abençoam com seu amor e sua alegria por meio de tudo que oferecem. Quando pessoas especiais tocam nossa vida, elas nos ensinam a viver.

Essas palavras refletem o tipo de pessoa que você é? Receber aquele cartão foi bênção para mim. Percebi como foi apropriado para a concepção deste capítulo, no qual analisamos as qualidades que precisamos desenvolver na vida: as mesmas que gostamos de ver nos outros.

Certa vez, o cartaz de uma rede norte-americana de lojas de roupas e acessórios, a Nordstrom's, chamou minha atenção: "A única diferença entre uma loja e outra é a maneira de tratar clientes". Essa é uma declaração ousada. A maioria das lojas anunciaria a qualidade de suas mercadorias ou a diversidade de produtos como forma de se distinguir da concorrência.

A diferença entre a Nordstrom's e as demais, segundo o funcionário de uma concorrente, é que outras lojas são voltadas para a política empresarial; a Nordstrom's é voltada para as pessoas. Seus funcionários são treinados para reagir com rapidez e gentileza diante das reclamações dos clientes. O resultado disso, nas palavras da escritora Nancy Austin, é que "a Nordstrom's não tem clientes; ela tem fãs".

Um estudo conduzido pela organização Technical Assistance Research Programs (Tarp), sediada em Washington, revela que a maioria dos consumidores não recorrerá à gerência caso alguma coisa saia errado com a compra. Contudo, a Tarp descobriu que, dependendo da gravidade do problema, o consumidor relatará sua experiência negativa, em média, a um grupo de amigos e conhecidos que pode variar de nove a dezesseis pessoas.

Cerca de 13% desses clientes contarão sobre sua insatisfação a mais de vinte pessoas. Mais de dois de cada três consumidores que recebem tratamento ruim nunca mais comprarão naquela loja novamente. Pior ainda: a gerência jamais saberá o que aconteceu. Toda empresa pode cometer algum erro uma vez ou outra. Acontece que, do ponto de vista do cliente, o que vale é o comportamento da empresa diante do erro. Esse é o segredo do sucesso da Nordstrom's.

O estudo da Tarp também revela que 95% dos consumidores insatisfeitos voltam a comprar na mesma loja, desde que o problema que enfrentaram seja solucionado com rapidez. Melhor ainda, contarão a oito pessoas, em média, que a situação foi resolvida a contento. O truque que gerentes e vendedores precisam conhecer é simples: dedicar o tempo apropriado às necessidades dos clientes.

Este capítulo, com certeza, não se refere a lojas de departamentos e serviço de atendimento a clientes, mas esses dados da pesquisa permitem vislumbrar alguns princípios que podem nos dizer algumas coisas a respeito dos relacionamentos interpessoais:

- Estamos sempre prontos para atender às necessidades das outras pessoas?
- O que fazemos diante dos problemas: fugimos deles ou os enfrentamos?
- Costumamos falar mais sobre as coisas positivas ou as negativas?
- Concedemos às pessoas o benefício da dúvida ou nossa tendência é presumir o pior?

A regra de ouro

Qual é o segredo dos relacionamentos interpessoais? É se colocar no lugar da outra pessoa, em vez de colocar as pessoas no lugar que achamos que devem ficar — ou seja, enquadrá-las.

Cristo ensinou uma regra irretocável a quem quer estabelecer relacionamentos humanos de qualidade. Nós a chamamos "regra de ouro", expressão que surgiu mais ou menos no século 17.

Quase no fim do Sermão da Montanha, Jesus resumiu uma série de reflexões profundas sobre o comportamento humano numa frase: "Façam aos outros o que querem que eles façam a vocês" (Mt 7.12).

Nesse breve mandamento, Cristo ensinou dois pontos sobre a evolução dos relacionamentos humanos: devemos decidir como queremos ser tratados; em seguida, precisamos começar a tratar os outros da mesma maneira.

Há pouco tempo, levei minha filha Elizabeth para almoçar num restaurante. A garçonete, uma senhora cujo trabalho seria cuidar bem das pessoas, nos fez sentir como se a estivéssemos incomodando. Era mal-humorada, nada solícita e ranheta. Todos os clientes perceberam que o dia dela não estava sendo bom. Elizabeth olhou para mim e disse: "Papai, ela é bem rabugenta, não é?". Limitei-me a concordar, contrariado.

A certa altura, tentei mudar aquela atitude tão negativa da garçonete. Puxei uma nota de dez dólares e disse: "Você poderia me fazer um favor? Teria como trocar essa nota de dez dólares? É que gostaria de lhe dar uma boa gorjeta hoje". A mulher olhou para mim, hesitou por alguns instantes e, logo depois, correu até o caixa. Depois de trocar o dinheiro, ela passou os quinze minutos seguintes em volta de mim e de Elizabeth. Agradeci a ela o serviço, disse que havia sido solícita e atenciosa e deixei uma boa gorjeta.

Quando fomos embora, Elizabeth perguntou: "Papai, reparou em como aquela mulher mudou o jeito de nos tratar?". Aproveitando aquela oportunidade de ouro, respondi: "Elizabeth, se quer que as pessoas tratem você corretamente, faça o mesmo com elas. Em muitos casos, sua atitude mudará a delas".

Elizabeth nunca esquecerá aquela lição porque viu uma mudança notável acontecer diante de seus olhos. Aquela senhora mal-humorada não fizera por merecer um tratamento gentil. No entanto, quando foi tratada de maneira diferente — ou seja, da mesma forma que eu gostaria de ser tratado e acreditava que ela seria capaz de fazer — sua perspectiva mudou de repente.

Seja qual for sua condição num relacionamento, se percebeu que há uma questão a ser resolvida, então a responsabilidade de fazer um esforço concentrado para gerar mudança positiva está em suas mãos. Pare de acusar os outros e tentar se justificar. Tente ser fonte de inspiração e exemplo, mostrando a atitude mais apropriada para a ocasião. Tome a decisão de não ser a pessoa que apenas reage, mas a que toma a iniciativa.

Cinco maneiras das quais você gosta de ser tratado

Os próximos cinco tópicos parecem tão simples que você pode até achar desnecessário falar sobre eles. Contudo, costumamos subestimá-los. As virtudes que fazem de um relacionamento algo positivo não são tão complicadas assim. Não há um leitor sequer deste livro que não goste nem precise dessas virtudes ou não reaja ao vê-las em outras pessoas.

Você deseja que as pessoas o incentivem

Não há exercício melhor para fortalecer o coração do que levantar o moral de uma pessoa que está *na pior*. Pense nisto: seus melhores amigos são aqueles que o incentivam. Não dá para manter relacionamentos profundos ou íntimos com pessoas que sempre nos depreciam. Temos a tendência de evitar gente assim e procurar quem acredita em nosso potencial e nos dá força.

Há alguns anos, o livro *Psycho-cybernetics* [Psicocibernética], do dr. Maxwell Maltz, era um dos títulos mais vendidos e populares. O autor era um cirurgião plástico que transformava rostos desfigurados e os fazia mais atraentes. Ele notou que, em todos os casos, a imagem que o paciente fazia a respeito de si era melhor depois de feita a cirurgia. Além de ser um cirurgião de sucesso, o dr. Maltz era um grande psicólogo que compreendia a natureza humana.

Uma mulher rica estava muito preocupada com o filho e procurou a orientação do dr. Maltz. Ela acreditava que o rapaz passaria a controlar os negócios da família depois que o pai morresse. No entanto, quando chegou à idade apropriada para ocupar a direção, o jovem recusou-se a assumir aquela responsabilidade e optou por seguir um caminho totalmente diferente. A mãe achava que o dr. Maltz seria capaz de ajudá-la a convercer o filho de que estava cometendo um erro terrível. O médico concordou em atender o jovem e tentar descobrir as razões que o levaram a tomar aquela decisão.

O rapaz começou a explicar: "Eu adoraria assumir os negócios da família, mas o senhor não tem ideia do tipo de relacionamento que eu tinha com meu pai. Ele era um homem obstinado, que lutou muito para vencer na vida. Queria me ensinar a ter autoconfiança, mas cometeu um erro muito grande. Ele tentou me passar esse princípio de forma negativa. Pensava que a melhor maneira de fazer isso era deixando de me incentivar ou elogiar. Para meu pai, eu tinha de ser um sujeito durão e independente".

Ele continuou a contar seu drama. "Todo dia jogávamos bola no jardim de casa. O objetivo era que eu defendesse dez chutes seguidos. Mas, mesmo que eu agarrasse a bola oito ou nove vezes, ele sempre fazia o possível para chutar a décima da maneira mais difícil só para que eu não conseguisse. Ele era capaz de chutar com muita força ou fora de meu alcance, mas sempre de alguma maneira que eliminasse qualquer chance de eu fazer a décima defesa seguida".

O jovem fez uma pequena pausa. E continuou: "Ele nunca me deixava fazer a décima defesa. Nunca. E acho que por isso eu precisava me afastar dos negócios da família. Eu quero agarrar o décimo chute".

Aquele rapaz cresceu acreditando que nunca seria capaz de alcançar o nível de perfeição exigido pelo pai. Eu não gostaria de ser responsável por causar danos emocionais à minha esposa, aos meus filhos ou aos meus amigos por deixar de oferecer a eles todas as oportunidades possíveis de progredir.

Quando jogava *wiffle ball* (variação do beisebol) com Elizabeth, eu costumava fazer os arremessos e ela rebatia. Dizia a ela que minha obrigação era atingir o taco com a bola. Certa vez, ela tentou rebater, no mínimo, umas vinte vezes sem conseguir acertar uma sequer. No fim, desesperada e decepcionada, ela disse: "Preciso de outro arremessador. Você não consegue acertar a bola". Fui devidamente esculachado por ter falhado em garantir que ela acertasse a bola. A partir dali, passei a me esforçar mais.

A história do empresário Eugene Lang nos apresenta um exemplo definitivo de encorajamento. Ele foi escolhido Homem de Sucesso do Ano da revista *Success* em 1986. O texto a seguir é parte de um artigo sobre a forma pela qual Lang incentiva as pessoas.

> Um homem grisalho está em pé, sozinho, no centro do palco. É uma presença distinta, paternal, com um elegante terno de lã e um bigode bem discreto. Vasculha o ambiente iluminado

pelo sol, vê as paredes descascando e as cortinas esfarrapadas, mas seu olhar repousa sobre as pessoas.

São homens e mulheres negros e hispânicos que ocupam a maior parte dos assentos do auditório. Embora alguns nem falem inglês, a atenção de todos está concentrada no homem que está lá no alto. Só que o discurso não é dirigido a eles. Ele voltou àquele lugar, onde já esteve na condição de estudante, para falar a 61 alunos da sexta série do ensino fundamental, todos usando capelas e becas azuis, sentados nas primeiras filas.

"Esta é sua primeira cerimônia de formatura — a hora mais perfeita para sonhar", ele diz. "Sonhem com aquilo que desejam ser, o tipo de vida que desejam ter. E acreditem nesse sonho. Estejam preparados para batalhar para que ele se realize. Sempre lembrem que cada sonho é importante simplesmente por ser seu. É seu futuro. E vale a pena lutar por ele".

Ele prossege: "Vocês devem estudar. Devem aprender. Devem frequentar as aulas das séries que faltam do ensino fundamental, do ensino médio e da faculdade. Vocês podem fazer uma faculdade. Vocês devem fazer uma faculdade. Se vocês continuarem na escola, eu...". O orador faz uma pausa e, em seguida, como se fosse tomado por uma inspiração súbita, diz: "... eu oferecerei uma bolsa de estudos a cada um de vocês quando chegarem à faculdade".

Por um segundo, todos ficam em silêncio, e logo depois uma onda de emoção se espalha pela plateia. Todas as pessoas no auditório estão de pé, saltando, correndo, aplaudindo, acenando e se abraçando. Os pais correm na direção dos filhos pelos corredores entre os assentos. "O que ele disse?", pergunta uma mãe em espanhol. "Dinheiro! Dinheiro para a faculdade!", grita a filha em êxtase, pulando em seus braços.

O lugar era uma escola de ensino fundamental localizada no Harlem, bairro de população pobre, dominado por quadrilhas de traficantes de drogas e por gangues violentas. O orador era o empresário e multimilionário Eugene Lang, que 53 anos antes se formara naquele mesmo educandário. A data era 25 de junho de 1981, e a grande questão era saber se Lang, um homem seguro e confiante, que acreditava que "cada alma é dotada de valor e dignidade infinitos", cumpriria sua promessa.

Bem, ele cumpriu. Muitas daquelas crianças se formaram. É preciso compreender que, naquela comunidade, 90% dos estudantes do ensino médio abandonam a escola. Lang criou uma fundação, a *I Have a Dream* [Eu tenho um sonho], e atualmente outros empresários da cidade de Nova York vão às escolas para oferecer o mesmo tipo de bolsas de estudo.

Hoje há entre quinhentas e seiscentas crianças no Harlem que receberão sua recompensa, caso não abandonem os estudos. As pessoas precisam de estímulo. Eugene Lang acreditava naqueles meninos e meninas, e isso fez diferença pelo restante da vida deles.

> Os estudantes de Lang confidenciaram seu desejo de se tornar arquitetos, especialistas em computação, empresários de todos os tipos [...] "Essa abordagem é absolutamente certa", diz Charles Murray, do Instituto de Pesquisas de Diretrizes de Manhattan, que em seu livro *Losing Ground* [Perdendo terreno] lamenta que a população pobre esteja perdendo a capacidade de galgar os degraus que levam ao sucesso.
>
> Ari Alvarado expressou essa realidade do ponto de vista dos estudantes. "Tem algo à minha espera", afirmou, "e esse sentimento vale ouro". E se o programa funcionar pode se tornar, efetivamente, uma experiência definitiva de sucesso

capitalista — já que, como defende George Gilder, as raízes do capitalismo estão firmadas não na ganância, mas na capacidade de distribuir: o verdadeiro capitalista é aquele que investe dinheiro e energia hoje na esperança de retorno num futuro incerto.

É o que Eugene Lang fez, e é provavelmente o que alguns de seus alunos sonhadores também farão. "Quero me tornar um médico tão bem-sucedido que possa também adotar uma turma de estudantes", afirma Alvarado, com otimismo. "Pense bem: se todos nós adotarmos turmas... isso pode se espalhar pelo mundo inteiro".

É justamente isso que Eugene Lang espera que aconteça: "Precisamos criar as oportunidades para que as pessoas trabalhem com esperança, ambição e respeito próprio. As recompensas? Não há maneira de descrever a alegria de sentir um jovem tocar seu braço e sorrir porque você lhe ensinou novos valores e mobilizou seu coração e sua mente. A maior experiência que se pode ter é ver aquelas crianças e suas novas aspirações".

As pessoas mais felizes são aquelas que investiram seu tempo em outras. As mais infelizes são as que ficam se perguntando o que o mundo precisa fazer para proporcionar-lhes felicidade. Certa vez, perguntaram ao grande psiquiatra Karl Menninger o que uma pessoa solitária e infeliz deveria fazer. Ele respondeu: "Sair de casa, trancar a porta, atravessar a rua, encontrar alguém que sofre e ajudá-lo". Esqueça-se de você para poder ajudar os outros.

Você deseja que as pessoas reconheçam seu valor

William James afirmou: "O mais profundo princípio da natureza humana é o desejo ardente de ser estimado".

Já ouviu a história sobre o primeiro discurso de campanha do jovem político? Ele estava ansioso por causar boa impressão em seu público, mas quando chegou ao auditório encontrou apenas um homem sentado ali. Ele esperou, imaginando que mais pessoas apareceriam, mas isso não aconteceu. Por fim, ele disse àquele único homem na plateia:

— Olhe só, eu sou apenas um jovem político em começo de carreira. O senhor acha que devo fazer o discurso ou cancelar o evento?

O homem pensou por um momento e respondeu:

— Senhor, eu sou apenas um vaqueiro. Só entendo de gado. É claro que sei que, se eu levar um fardo de feno até o pasto e só aparecer uma vaca, minha obrigação é alimentá-la.

Princípio: não devemos subestimar o valor de ninguém

Com o conselho do vaqueiro, o político começou a fazer seu discurso. Falou sem parar por 2 horas, enquanto o único ouvinte permanecia sentado, nenhuma expressão no semblante. Por fim, ele parou e perguntou ao vaqueiro se seu discurso estava bom. O homem respondeu: "Senhor, eu sou apenas um vaqueiro. Só entendo de gado. É claro que sei que, se eu levar um fardo de feno até o pasto e só aparecer uma vaca, não posso obrigar o bicho a comer tudo".

Princípio: não tente tirar vantagem das pessoas

J. C. Staehle, após analisar várias pesquisas, descobriu que as principais causas da insatisfação das pessoas em relação às empresas em que trabalham são as seguintes, listadas em ordem de importância:

1. Não saber ouvir sugestões.
2. Não corrigir as injustiças.

3. Falta de incentivo.
4. Criticar funcionários na frente dos outros.
5. Deixar de ouvir as opiniões dos funcionários.
6. Não informar os funcionários sobre seu desempenho.
7. Favoritismo.

Note que todas as queixas têm a ver com a incapacidade de reconhecer a importância do funcionário. Estamos falando de pessoas que precisam se sentir valorizadas. Tento colocar esse princípio em prática toda vez que encontro alguém. Ainda nos primeiros trinta segundos de conversa, procuro dizer alguma coisa que demonstre como valorizo e acredito naquela pessoa. Isso determina o tom de todo o restante do tempo daquele encontro. Até mesmo uma rápida declaração positiva pode fazer que as pessoas se sintam mais valorizadas.

Trate os outros como deseja ser tratado. Trate-os como pessoas importantes, e eles retribuirão de acordo com o mesmo critério. A maioria de nós tem ótimas impressões das pessoas, mas elas nunca ficam sabendo disso. Muita gente tende a sonegar elogios. Enquanto você se limita a apenas pensar coisas positivas sobre outra pessoa, o valor dessas coisas não aparece. Mas quando você verbaliza sua opinião ela se torna valiosa.

Você deseja que as pessoas o perdoem

Quase todos os problemas emocionais e o estresse são resultado de conflitos não resolvidos — incapacidade de desenvolver relacionamentos interpessoais adequados. Por causa disso, muita gente possui o desejo profundo de receber perdão absoluto. Um espírito capaz de perdoar é o ingrediente básico e necessário para que um relacionamento sólido se estabeleça.

O perdão nos liberta da culpa e permite que possamos interagir positivamente com outras pessoas.

Em seu conto *The Capital of the World* [A capital do mundo], Ernest Hemingway conta a história de um pai e o filho adolescente que viviam na Espanha. O relacionamento dos dois tornou-se tão hostil a ponto de se romper, e o rapaz fugiu de casa. O pai deu início a uma longa jornada à procura do filho rebelde que se perdera e colocou um anúncio num jornal de Madri como último recurso.

O nome de seu filho era Paco, muito comum entre os espanhóis. O anúncio dizia apenas o seguinte: "Querido Paco, encontre-me na frente do prédio do jornal de Madri amanhã ao meio-dia. Está tudo perdoado. Eu amo você". No dia seguinte, ao meio-dia, havia oitocentos Pacos em frente ao escritório do jornal, todos ansiosos por perdão.

Há incontáveis Pacos no mundo que querem, mais do que qualquer coisa, ser perdoados. As duas principais marcas de um cristão são a generosidade e a capacidade de perdoar. Mostre-me uma pessoa que caminha com Deus e eu lhe mostrarei uma pessoa que tem um coração generoso e pronto para perdoar.

A triste verdade é que muitos de nós, em vez de oferecer perdão absoluto, prefere fazer esta oração irlandesa:

> Que todos que nos amam continuem nos amando.
> Quanto àqueles que não nos amam,
> Que Deus dobre seus corações.
> E se ele não dobrar seus corações
> Que dobre seus tornozelos
> De maneira que possamos reconhecê-los pelo jeito de mancar.

As pessoas que acham difícil perdoar não veem a si mesmas de maneira realista. Elas são muito arrogantes ou extremamente inseguras. Embora guardar ressentimentos dê a algumas pessoas uma sensação de satisfação, a verdade é que os incapazes de perdoar magoam a si mesmos muito mais do que aos outros. Quem possui essa caraterística e guarda mágoas de relacionamentos está emocionalmente condenado a carregar o peso que acompanha os ressentimentos.

Há algum tempo, encontrei um homem cujo passado era devastador. O pai havia sofrido um derrame e a mãe envolveu-se num acidente grave. Por causa das sequelas, ambos ficaram impossibilitados de se comunicar com ele. Havia áreas na vida desse homem a respeito das quais ele precisava e desejava o perdão dos pais, mas pelo fato de serem fisicamente incapazes de se comunicar esse meu amigo não tinha certeza de que podiam entendê-lo. Todo dia ele visitava os pais no hospital e pedia perdão, mas sem resposta. A situação o impossibilitava de desfrutar qualquer alegria.

Esse mesmo homem tinha um irmão mais velho com o qual não falava havia cerca de dois anos. Basicamente, a culpa por esse desencontro era do irmão, e meu amigo queria que ele desse o primeiro passo na restauração do relacionamento fraterno. Desafiei-o a permitir que Deus purificasse seu coração no que dizia respeito ao relacionamento com os pais e prosseguisse, tomando a iniciativa no restabelecimento de sua relação com o irmão.

No domingo seguinte, meu amigo procurou-me logo depois do culto. Não disse uma palavra sequer, mas me deu um grande abraço. Eu sabia o que tinha acontecido e perguntei:

— Você fez as pazes com seu irmão, não foi?

— Isso mesmo, cuidei desse assunto — ele respondeu, e seu sorriso evidenciava a liberdade que sentia por ter se livrado daquele fardo.

É muito comum as pessoas esperarem muito tempo para perdoar as outras. O perdão deve ser concedido de forma rápida e integral. Faça isso agora mesmo. Não se coloque na posição daquela pessoa que perdeu qualquer oportunidade de se comunicar com os pais. Por ter adiado esse encontro, ele nunca passará pela alegria de receber o perdão e se reconciliar.

Uma das cenas mais impressionantes foi a do funeral do senador norte-americano Hubert Humphrey, em 13 de janeiro de 1978. Sentado ao lado da viúva estava o ex-presidente Richard M. Nixon, adversário político de longa data, um homem que fora colocado em desgraça por causa do escândalo no caso Watergate.

O próprio Humphrey pedira a Nixon que, quando chegasse o dia de seu funeral, ocupasse aquele lugar de honra. Três dias antes da morte do senador Humphrey, o pastor Jesse Jackson o visitou no hospital. O político contou que tinha acabado de telefonar a Nixon. O reverendo Jackson, sabendo do passado dos dois, perguntou a Humphrey por que fizera aquilo. Aqui está a resposta do senador:

> Da posição privilegiada em que me encontro, no ocaso da vida, todos os discursos, todas as convenções do partido, todas as multidões e todas as grandes lutas ficaram para trás. Numa hora dessas, você se vê forçado a lidar com sua essência irredutível, a tomar nas mãos aquilo que é realmente importante. A conclusão que tirei a respeito da vida é que, no fim das contas, precisamos perdoar uns aos outros, redimir uns aos outros e seguir adiante.

Você sabe o que significa morrer com dignidade? Pare de guardar ressentimentos por causa das injustiças que sofreu.

Se passa por dificuldades no relacionamento com alguém, tome a iniciativa, enfrente o problema e peça perdão.

Recebi uma carta de um pastor que, junto com a equipe leiga de sua igreja, havia participado de uma conferência na qual fui orador, sete anos antes. Todos os leigos ficaram entusiasmados com o que aprenderam, mas o pastor ficou na defensiva. Ele não se mostrou tão empolgado, principalmente quando sua equipe começou a pressioná-lo para que colocasse em prática os princípios que haviam aprendido.

Por fim, o pastor saiu da igreja. Há alguns anos, ele me escreveu contando que havia guardado mágoas em relação a mim durante aquele tempo todo. Pediu meu perdão. Respondi imediatamente, garantindo a ele que tudo estava perdoado.

Durante meus anos de trabalho pastoral, passei centenas de vezes pela experiência de enfrentar relacionamentos difíceis. Encontrei muitas pessoas que me ofendiam, queriam determinar minha maneira de agir e ainda se ofereciam para ajudar. Mas nunca permiti conscientemente que saíssem de meu gabinete sem dizer que as amava. Não carrego mágoas nem rancores com relação a ninguém. Não consigo conviver com esses sentimentos: se você não tem paz, não é porque alguém a roubou, mas porque a desprezou. Não dá para controlar o que acontece conosco o tempo todo, mas é possível controlar o que acontece dentro de nós.

Você deseja que as pessoas ouçam o que tem a dizer

Faz algum tempo, aproveitei um intervalo no trabalho e atravessei a rua até uma loja de doces para tomar um refrigerante. Havia um homem sentado ali. Ele conversava com a jovem atendente, do outro lado do balcão. Ao me reconhecer, ele disse:

"Pastor, ela ficou me ouvindo a manhã inteira. Contei a história da minha vida toda". Percebi como foi importante para ele que a jovem ouvisse com atenção e demonstrasse interesse no que ele tinha a dizer. Aquilo fez o homem se sentir valorizado.

Minha mãe era bibliotecária da mesma faculdade que cursei, e toda vez que eu entrava na biblioteca encontrava meia dúzia de moças em volta de sua mesa. Mamãe sempre exerceu um ministério de aconselhamento incrível, mas não porque falasse tão bem — e sim por causa de sua capacidade formidável de ouvir os outros. Ouvir é querer escutar. Mamãe ama as pessoas e quer ouvir o que têm a dizer; elas, por sua vez, retribuem esse tipo de tratamento carinhoso.

Conforme crescem em autoridade, as pessoas costumam ficar mais impacientes quando se trata de ouvir seus subordinados. Um ouvido mouco é a primeira indicação de uma mente fechada. Quanto mais alto o cargo que elas ocupam e maior a autoridade que detêm numa empresa, menos se sentem obrigadas a ouvir os outros. Mesmo assim, a necessidade de ouvir é ainda maior quando estão nessa situação: por se afastarem da linha de fogo, dependem ainda mais dos outros para receber as informações corretas. Se não formarem o hábito de ouvir — com atenção e inteligência —, não terão como dispor dos dados de que precisam, e as pessoas não confiarão em suas decisões.

Certa vez, vi um quadro num programa que, com algumas variações, pode ser familiar a muitos lares. O marido está vendo TV e a esposa tenta iniciar uma conversa.

Esposa: "Querido, o encanador não veio consertar o vazamento atrás do aquecedor de água hoje".
Marido: "Sei".

Esposa: "O cano estourou hoje e inundou o porão".
Marido: "Quieta. O cara do outro time vai bater uma falta".
Esposa: "Vários fios molharam e o cachorro quase morreu eletrocutado".
Marido: "Droga! Foi gol!".
Esposa: "O veterinário disse que ele vai ficar bom daqui a uma semana".
Marido: "Me traz um refrigerante?".
Esposa: "O encanador me disse que ficou feliz quando soube que nosso cano estourou, porque agora ele pode se dar ao luxo de tirar umas férias".
Marido: "Você me ouviu? Eu disse que quero um refrigerante!".
Esposa: "A propósito, Stanley, estou abandonando você. Eu e o encanador vamos pegar um voo para a Bahia amanhã de manhã".
Marido: "Dá para você parar por favor de tagarelar e me trazer um refrigerante? O problema nesta casa é que ninguém consegue ouvir o que eu digo".

Você deseja que as pessoas o compreendam

Como você se sente quando não é compreendido? Que tipo de sentimento surge em seu coração? Solidão? Frustração? Decepção? Ressentimento? São sentimentos comuns quando uma pessoa não é compreendida.

Peter Drucker, considerado o "pai da administração empresarial norte-americana", dizia que 60% de todos os problemas de gerenciamento são resultado de falhas na comunicação. Um famoso conselheiro familiar afirma que pelo menos metade de todos os divórcios acontece por causa de ruídos na comunicação entre os cônjuges. E especialistas em criminologia defendem que mais de 90% de todos os criminosos encontram dificuldade em se comunicar com outras pessoas. A comunicação é fundamental para a compreensão.

Tentemos sintetizar o que vimos até agora. Você deseja que as pessoas...

> ... o incentivem.
> ... reconheçam seu valor.
> ... o perdoem.
> ... ouçam o que você tem a dizer.
> ... o compreendam.

Ao analisar essas qualidades, pense em como elas se aplicam à sua própria vida. Talvez esse curso intensivo de relações humanas possa ajudar cada um de nós a desenvolver qualidades que admiramos nos outros:

- A palavra menos importante:
  Eu (exige o menor esforço)
- A palavra mais importante:
  Nós (exige o maior esforço) — relacionamentos
- As duas palavras mais importantes:
  Muito obrigado — reconhecimento
- As três palavras mais importantes:
  Tudo está perdoado — perdão
- As quatro palavras mais importantes:
  Qual é sua opinião? — saber ouvir
- As cinco palavras mais importantes:
  Você fez um ótimo trabalho — incentivo
- As seis palavras mais importantes:
  Eu gostaria de conhecer você melhor — compreensão

Na vida, as pessoas com as quais convivemos podem ser consideradas adversárias ou recursos pessoais. Caso sejam adversárias, lutaremos o tempo todo contra elas para defender nossa posição. Mas quando as vemos como recursos pessoais podemos ajudá-las a descobrir o potencial que possuem e, com isso, se tornarão aliadas, fazendo que o melhor de cada um aflore. O dia mais feliz de sua vida será aquele em que perceberá que "nós" é, de fato, a palavra mais importante do dicionário.

Faça acontecer

Princípios pessoais

- O sucesso, a realização pessoal e a felicidade dependem da capacidade de estabelecer relacionamentos eficazes.
- O segredo para se relacionar bem com as outras pessoas é colocar-se no lugar delas, em vez de tentar enquadrá-las.
- Trate as pessoas da mesma maneira que deseja ser tratado:
  Incentive.
  Reconheça.
  Perdoe.
  Ouça.
  Compreenda.
- Veja as pessoas como recursos, não como adversárias.
- A palavra "nós" é a mais importante do dicionário.

Os princípios na prática

Aplicarei os princípios contidos neste capítulo em meus relacionamentos pessoais das seguintes maneiras:

1. ....
   ....
   ....
   ....
   ....

2. ....
   ....
   ....

....

....

3. ....

....

....

....

2

O que aproxima as pessoas de mim?

O que elas gostam em você e por quê

Os maiores líderes possuem aquela característica especial que faz as pessoas serem atraídas por suas personalidades arrebatadoras, magnéticas. Os artistas mais extraordinários também demonstram ter esse algo mais. O potencial para desenvolver essa qualidade que faz a diferença naqueles que possuem tanto poder de atração está presente em todos nós. Quais são essas qualidades que aproximam os outros de mim? Podemos sintetizar em uma palavra: *carisma*.

O carisma pode ser um conceito complicado de abordar, pois a maioria das pessoas pensa nele em termos místicos e subjetivos, uma qualidade indefinível da qual você é dotado ou não. No entanto, o *Dicionário Houaiss da língua portuguesa* oferece várias definições à palavra "carisma", e a que usaremos será esta: "Conjunto de habilidades e/ou poder de encantar, de seduzir, que faz com que um indivíduo (por ex., um cantor, um ator) desperte de imediato a aprovação e a simpatia das massas".

Cada um de nós possui certas habilidades que potencializarão o carisma presente na personalidade. Não é preciso fazer nenhum esforço agressivo para se transformar em algo que contrarie sua natureza básica. Contudo, se seu desejo é se tornar uma pessoa especializada em relacionamentos, então precisa desenvolver uma personalidade que atraia os outros e faça que reajam positivamente diante de sua presença.

Ao analisarmos a personalidade de certos presidentes dos Estados Unidos, fica claro o motivo pelo qual alguns deles foram mais bem-sucedidos que outros no que se refere ao apelo exercido sobre o público. Ronald Reagan tinha a capacidade de transmitir bom humor, calor humano e conforto. Ele sabia como fazer as pessoas se sentirem bem a respeito de si mesmas.

John F. Kennedy era mestre em transmitir a sensação de esperança. Ele emanava uma energia ilimitada e fez muitos norte-americanos se sentirem importantes e valorizados. Nossos líderes favoritos sempre sobressairão por causa do carisma.

Quando usamos a palavra "carisma" num acróstico, podemos definir as características mais notáveis presentes em pessoas carismáticas:

C	uidado
A	ção
R	esultados
I	nfluência
S	ensibilidade
M	otivação
A	firmação

Tenha em mente que esses traços não são necessariamente inatos — qualquer pessoa que se preocupa com os outros e deseja desenvolver habilidades relacionais é capaz de assimilá-los.

Vamos observar com mais detalhes cada característica relacionada ao carisma.

Cuidado: a capacidade de demonstrar zelo

Pessoas carismáticas possuem a capacidade de demonstrar que se preocupam com as necessidades e os interesses mais profundos das outras. Isso não quer dizer que elas sejam sentimentais ou condescendentes demais. Mas quando estamos perto delas percebemos como se interessam por nós e se importam conosco, fazendo-nos sentir importantes.

Certa vez, alguém perguntou a Perle Mesta, a maior anfitriã que a cidade de Washington conheceu desde Dolley Madison, o segredo de seu sucesso, que fazia tantas pessoas ricas e famosas frequentarem suas festas. "O segredo são as boas-vindas e as despedidas", afirmava. Quando seus convidados chegavam, ela recebia cada um deles dizendo: "Finalmente você chegou!". A cada pessoa que ia embora ela expressava sua tristeza dizendo: "Que pena que você precisa ir tão cedo!".

Em qualquer reunião ou agrupamento do qual se participe, é possível encontrar dois tipos de pessoa: as que surgem com a atitude "alô, todo mundo, acabei de chegar" e aquelas que preferem a postura "que bom encontrar você aqui". É fácil perceber que as pessoas preferem se aproximar daquelas que fazem parte do segundo caso.

Eu e um dos membros de minha equipe, Dan Reiland, conversávamos sobre carisma e por que tanta gente tem dificuldade de lidar com isso. Ele apresenta uma definição simples, mas que facilita muito a compreensão desse conceito:

"Preocupar-se mais em fazer as outras pessoas se sentirem bem a respeito de si mesmas do que em fazê-las se sentir bem a respeito de você". Em outras palavras: não tente convencer as pessoas das virtudes que você possui, e sim das virtudes que elas possuem.

Se você precisa desenvolver esse cuidado maior com as necessidades e os interesses dos outros, exponha-se às pessoas magoadas. Em Mateus 9.35-38 podemos ver a grande preocupação que Jesus tinha com as pessoas:

> Jesus andava visitando todas as cidades e povoados. Ele ensinava nas sinagogas, anunciava a boa notícia sobre o Reino e curava todo tipo de enfermidades e doenças graves das pessoas. Quando Jesus viu a multidão, ficou com muita pena daquela gente porque eles estavam aflitos e abandonados, como ovelhas sem pastor. Então disse aos discípulos: — A colheita é grande mesmo, mas os trabalhadores são poucos. Peçam ao dono da plantação que mande mais trabalhadores para fazerem a colheita.

Perceba a sequência dos acontecimentos: Jesus foi, viu e se compadeceu. Só quando tomamos a iniciativa de nos expor a diversas situações é que nossa visão se amplia o suficiente e conseguimos desenvolver o cuidado necessário para nos mobilizar à ação. É difícil se motivar a ajudar os outros sem primeiro entender e sentir suas necessidades. Mas quando você se dispõe a ir e ver consegue sentir e agir.

Pessoas carismáticas estão sempre prontas a ajudar

As pessoas que têm carisma se dispõem a buscar o benefício do próximo. Elas possuem o dom da graça. Na verdade, a palavra grega traduzida por "dom" é *khárisma*, que significa "dom da graça". Deus nos concede gratuitamente vários dons espirituais por causa de sua graça.

Em Romanos 12.6 lemos um pouco mais a respeito:

> Portanto, usemos os nossos diferentes dons de acordo com a graça que Deus nos deu. Se o dom que recebemos é o de anunciar a mensagem de Deus, façamos isso de acordo com a fé que temos.

Vejamos também Efésios 4.11-12:

> Foi ele quem "deu dons às pessoas". Ele escolheu alguns para serem apóstolos, outros para profetas, outros para evangelistas e ainda outros para pastores e mestres da Igreja. Ele fez isso para preparar o povo de Deus para o serviço cristão, a fim de construir o corpo de Cristo.

Note, nas duas referências bíblicas, a ênfase na variedade de dons e seu propósito no reino de Deus. São sempre para servir a outras pessoas, nunca a si mesmo. Não existe carisma onde há exclusão. Ninguém adquire carisma se isolando do mundo.

As pessoas enfrentam problemas. Muitas são como aquele sujeito com mania de perseguição que, em desespero, procurou um psiquiatra para ajudá-lo. Contou ao médico: "Todas as vezes em que subo no palco, a cortina se fecha". Ele necessitava de algo mais do que compaixão e preocupação: precisava de ajuda. Você descobrirá que, se seu negócio é resolver problemas, estará sempre cercado de adeptos.

Meu personagem favorito dos quadrinhos é Charlie Brown. Em determinada tirinha, na qual conversa com o personagem Linus, ele demonstra uma atitude com a qual muitos de nós podem se identificar. Linus diz:

— Acho que é errado se preocupar o tempo todo com o futuro. Talvez seja melhor pensar apenas no dia de hoje.

— Não — retruca Charlie Brown — isso significa desistir. Continuo acreditando que o dia de ontem foi melhor.

O que fazer para ajudar as pessoas que enfrentam problemas? Use o acróstico a seguir para saber como fazê-lo:

A	poie as pessoas para que se sintam mais confiantes.
J	unte-se a elas, identificando-se com a situação.
U	se a criatividade para mostrar como elas devem lidar com suas dificuldades.
D	iga a elas que a solução de um problema pode levar algum tempo.
A	limente a esperança delas durante o processo.

Adoro esta velha piada sobre a criatividade na solução de problemas. Joaquim, que vivia em Portugal, precisava viajar para o Brasil a negócios e convenceu o irmão Manoel a tomar conta de seu gato durante o período no qual se ausentaria. Manoel não era muito chegado a gatos, mas concordou em fazer aquele favor. Quando Joaquim voltou de viagem, ligou para o irmão, querendo saber do gato. A resposta foi a seguinte, em tom bem objetivo:

— O gato morreu.

Durante vários dias, Joaquim ficou desolado. Depois, sua tristeza transformou-se em revolta: o irmão havia sido muito inábil e rude ao transmitir a notícia da morte do gato. Joaquim resolveu ligar para Manoel.

— Tu foste muito cruel e sádico quando me contaste sobre a morte do gato — disparou Joaquim.

— Mas o que querias que eu fizesse? — respondeu Manoel.

— Tu poderias ter dado a notícia aos poucos. Primeiro, poderias ter me ligado para avisar que o gato estava a brincar no telhado. Depois, tu me ligarias de novo para dizer que o gato caiu do telhado. Na terceira vez, tu me dirias que o gato se machucou. Só então, quando eu chegasse a Portugal e fosse buscar o gato, tu me darias a notícia de que ele tinha morrido.

— Ah, entendi.

— Tudo bem, mas não faz isso de novo. Agora me diz, como está nossa mãe?

Depois de um longo período de silêncio, Manoel respondeu, num tom de voz bem suave:

— Ela está a brincar no telhado.

Manoel tinha acabado de aprender que, para se resolver um problema, é preciso passar por um processo.

Ação: a capacidade de fazer as coisas acontecer

Parece que há sempre alguma coisa empolgante acontecendo na vida de uma pessoa carismática. Gente assim tem horror a viver na monotonia. Pode ser uma pessoa controvertida, fora do comum ou divertida, mas nunca será chata. Seja honesto consigo e avalie como é sua relação com os outros.

Certa vez, uma criança que ouvia a mensagem muito chata de um pastor virou-se para a mãe e disse: "Pague logo o homem e vamos para casa". É evidente que o pregador não tinha nenhum carisma. Quando perguntaram ao evangelista John Wesley por que as pessoas pareciam ser atraídas por ele, a resposta foi a seguinte: "Bem, sabe como é, quando o discurso começa a esquentar, quem está em volta quer mesmo é chegar perto e ver o orador pegando fogo".

Você gostaria de fazer as pessoas se interessarem mais pelo que tem a dizer? Desenvolva a criatividade e a autoconfiança. Criatividade é a capacidade de *dizer* as coisas de uma maneira fora do comum; autoconfiança é a capacidade de *fazer* as coisas de uma maneira fora do comum. Pessoas carismáticas possuem as duas coisas. Desenvolva esses dois traços em sua personalidade e verá como os outros dedicarão mais atenção a você.

Como orador e pastor, sempre procuro falar com originalidade e transmitir empolgação. Posso usar o bom humor para chegar a determinado ponto de uma questão, mas nunca para distrair a plateia. Agindo assim, as pessoas que ouvirem aquela ilustração criativa e a verdade que ela contém não se esquecerão, mesmo que passe muito tempo.

Resultados: a capacidade de produzir

Pessoas carismáticas preferem assumir uma postura vitoriosa diante da vida. Todos gostam de se aproximar dos vencedores. Eles querem jogar no time vitorioso.

Um menino está jogando xadrez com o avô. De repente, diz:

— Ah, essa não. De novo não. Vovô, o senhor sempre ganha!

— O que você quer que eu faça? — pergunta o avô. Quer que eu perca de propósito? Assim você nunca aprenderá a jogar.

— Não quero aprender nada — retruca o garoto — eu só quero ganhar!

Pessoas carismáticas não apenas querem vencer, também fazem questão de que os outros sejam vencedores. Com isso, tornam-se produtivas. E como isso é possível? Descubra seu ponto mais forte e encontre alguém que precise dele. Gente carismática usa suas melhores habilidades para ajudar os outros a se sentirem bem a respeito de si mesmos. Pensam nas necessidades do próximo. A pessoa que só pensa em si usa sua força para dominar as demais.

Influência: a capacidade de liderar

Liderança é sinônimo de influência. Se uma coisa nova, empolgante e interessante acontece em sua vida, seu desejo é compartilhar. Ao fazer isso, influencia as outras pessoas, que farão questão de seguir sua liderança. O que acontece *com você* diz muito sobre sua situação. O que acontece *em você* diz muito sobre seu caráter. E o que acontece *por causa de você* diz muito sobre seu carisma.

Quer aprender como ser uma influência positiva na vida das outras pessoas? Cinco fatores entram em jogo:

- Quem sou — minha posição ou título.
- Onde estou — meu endereço ou meu emprego.
- Quem conheço — minha esfera de influência. Relacionamentos abrem portas para oportunidades.
- O que sei — minha especialidade. É o que mantém você em determinada posição mesmo depois que sua esfera de influência deixa de ser tão ampla.
- O que faço — minha capacidade de produzir, meu caráter e minha credibilidade.

Sensibilidade: a capacidade de sentir e reagir

As pessoas carismáticas são sensíveis às mudanças. Elas sabem tirar proveito do ritmo, do clima e do espírito de qualquer situação. A maioria das pessoas possui a capacidade de sentir alguma coisa, mas não tem muita certeza de como deve reagir ou expressar essa habilidade. A pessoa carismática não apenas sente as mesmas coisas, como também sabe como reagir e se expressar.

Os que possuem carisma encontram razão de ser para as coisas — isso se chama discernimento. Também verbalizam suas preocupações — isso se chama coragem. E ainda sabem atrair multidões — isso se chama magnetismo.

No fim dos anos 1960 ou início dos anos 1970 eu assisti a um documentário na televisão sobre George Wallace. Na época ele era uma figura de destaque na política norte-americana, talvez por causa de sua filosofia reacionária no que se referia às questões relacionadas a direitos civis. Ninguém teve dúvidas de seu posicionamento político quando ele declarou: "Segregação ontem, segregação hoje e segregação para sempre!".

Era um exemplo perfeito de líder carismático que sabia dizer o que seu público queria ouvir. Foi mestre na arte de tirar proveito das situações. Por ser capaz de expressar com tamanho vigor os sentimentos de determinado segmento da sociedade, ele se tornou ícone da causa em que acreditava.

Se seu objetivo é se tornar uma pessoa mais sensível, deve estar pronto a assumir riscos. Tome a iniciativa de identificar uma demanda e entre em ação. Aquelas pessoas que se melindram e se magoam com facilidade costumam recuar e não arriscar. Mas as carismáticas se aventuram a sair de seu conforto para fazer os outros se sentirem à vontade.

Motivação: a capacidade de cultivar a esperança

O segredo para motivar é cultivar a esperança. As pessoas tendem a se sentir mais positivas quando seguem uma liderança carismática. Vamos dar uma olhada em alguns personagens bíblicos que cultivaram a esperança.

- Isaías, ao falar em nome de Deus, afirmou: "Pois agora vou fazer uma coisa nova" (Is 43.19).
- Jeremias falou de uma nova "lei na mente deles e no coração deles" (Jr 31.33).
- Jesus falou sobre o novo nascimento (Jo 3.3).
- Paulo disse que o cristão é uma "nova pessoa" (2Co 5.17).
- A visão de João registrada em Apocalipse menciona "um novo céu e uma nova terra" (Ap 21.1).

Todos esses líderes dinâmicos costumavam estimular a esperança do povo. E você: transmite esperança ou desânimo às pessoas que o cercam? Cultive habilidades afirmativas, aprenda técnicas para resolver problemas, descubra maneiras de incentivar os outros e transmita fé e apoio ao próximo.

Afirmação: a capacidade de construir

Charles Schwab, um empresário bem-sucedido, afirmou: "Ainda estou para ver o homem, por mais alta que seja sua posição, que não trabalhe melhor e se esforce mais quando sente aprovação do que quando está sob críticas". Todo mundo precisa de afirmação para alcançar suas realizações e a quer. Um menino que jogava dardos com o pai disse: "Vamos fazer assim: eu jogo e você diz: 'Muito bem!'". É isso que a pessoa carismática faz com as outras.

Temos a tendência de nos transformar naquilo que a pessoa mais importante de nossa vida pensa que seremos um dia. Pense no melhor, acredite no melhor e expresse o melhor que os outros possuem. Sua atitude afirmativa não apenas atrairá os outros, como também ajudará a desempenhar um papel importante no desenvolvimento dessas pessoas.

Como fazer isso? Em primeiro lugar, precisamos nos sentir bem a nosso próprio respeito. A partir daí, podemos verbalizar e colocar em prática nossa fé nos outros e esperar que reajam de maneira positiva. As pessoas são nosso único recurso digno de consideração. Na condição de cristãos, não podemos sonegar uma postura afirmativa diante delas. Se não o fazemos, todos perdem.

Obstáculos ao carisma

Mais uma vez: carisma é um traço ou uma característica da personalidade que pode ser desenvolvido. Não é exclusividade das pessoas extrovertidas, que gostam de aparecer. O potencial para se tornar carismático reside em cada um de nós, mas primeiro é necessário eliminar as barreiras que estão no caminho do desenvolvimento dessa característica tão importante da personalidade. Quais são alguns desses possíveis obstáculos?

Orgulho

A pessoa orgulhosa tem a tendência de olhar as outras de cima para baixo, com nariz empinado, com ar de superioridade. Ninguém se identifica com uma pessoa esnobe que só se preocupa com status e posição, tampouco a segue.

Insegurança

Uma pessoa insegura não se dispõe a correr riscos. Prefere garantir seu conforto e, provavelmente, sua passividade.

Melancolia

Trata-se de um traço de imaturidade que prejudica os relacionamentos pessoais. A pessoa melancólica costuma ter humor instável e, por isso, é pouco confiável. Não é possível estabelecer uma relação de confiança com alguém tão difícil de lidar.

Perfeccionismo

O perfeccionismo é a necessidade obsessiva de ser impecável em tudo que se faz. Isso sufoca a criatividade e a liberdade, além de afugentar as pessoas. Os perfeccionistas raramente são capazes de se afirmar — assim, também encontram dificuldade em assumir uma atitude afirmativa em relação aos outros.

- *Ultrassensibilidade:* a pessoa sensível demais vive se lamentando. Está sempre tão preocupada com seus problemas que nem se dá conta das necessidades dos outros.
- *Negativismo:* por definição, é o oposto do carisma. A pessoa que sustenta uma atitude negativa permanente deprime quem está à sua volta. Todo mundo evita andar com gente assim. Não há nenhuma chance de se tornar um líder carismático quando ninguém quer você por perto.

O carisma começa na cruz de Jesus Cristo. Vamos examinar o texto de Filipenses 2.3-11, no qual vemos Paulo usando a humildade do próprio Filho de Deus como modelo a ser seguido:

> Não façam nada por interesse pessoal ou por desejos tolos de receber elogios; mas sejam humildes e considerem os outros superiores a vocês mesmos. Que ninguém procure somente os seus próprios interesses, mas também os dos outros. Tenham entre vocês o mesmo modo de pensar que Cristo Jesus tinha: Ele tinha a natureza de Deus, mas não tentou ficar igual a Deus. Pelo contrário, ele abriu mão de tudo o que era seu e tomou a natureza de servo, tornando-se assim igual aos seres humanos. E, vivendo a vida comum de um ser humano,

ele foi humilde e obedeceu a Deus até a morte — morte de cruz. Por isso Deus deu a Jesus a mais alta honra e pôs nele o nome que é o mais importante de todos os nomes, para que, em homenagem ao nome de Jesus, todas as criaturas no céu, na terra e no mundo dos mortos, caiam de joelhos e declarem abertamente que Jesus Cristo é o Senhor, para a glória de Deus, o Pai.

Não há dúvida de que Jesus foi e continua sendo grandemente exaltado. Mas tudo começou com uma atitude da mais profunda humildade. Lembre-se: ter carisma significa preocupar-se mais em levar os outros a se sentir bem a respeito de si mesmos do que em fazer que se sintam bem a respeito de você.

Faça acontecer
Princípios pessoais

- O segredo para o desenvolvimento do carisma é: preocupe-se mais em levar os outros a se sentir bem a respeito de si mesmos do que em fazer que se sintam bem a respeito de você.
- Traços de uma pessoa carismática:
  Cuidado — aquilo que ela demonstra.
  Ação — aquilo que ela proporciona.
  Resultados — aquilo que ela produz.
  Influência — aquilo que ela faz.
  Sensibilidade — aquilo que ela segue.
  Motivação — aquilo que ela oferece.
  Afirmação — aquilo que ela compartilha.
- Carisma é um traço ou uma característica da personalidade que pode ser desenvolvido. O potencial reside em cada um de nós.

Os princípios na prática

Aplicarei os princípios contidos neste capítulo em meus relacionamentos pessoais das seguintes maneiras:

1. ....
   ....
   ....
   ....

2. ....
   ....

....

....

3. ....

....

....

....

3

Como demonstrar autoconfiança diante das pessoas

Saiba como se sentir à vontade na presença delas

Quando sou apresentado a um grupo de pessoas que nunca vi antes, não levo mais que alguns minutos para identificar aqueles que exercem influência sobre os demais. O que essas pessoas possuem que as destaca dessa maneira? Seria o senso de direção, ou seja, a certeza de que sabem exatamente para onde vão? A consciência de que possuem certas habilidades? A sinceridade? O histórico de sucesso? A capacidade de usar o contato visual e a linguagem corporal? O que elas têm que todos desejam ter também?

Se há uma qualidade que pode levar uma pessoa a ser bem-sucedida em motivar outras ou convencê-las a seguir sua liderança, ela se chama autoconfiança. E, se você é capaz de unir autoconfiança com comando, orientação, histórico de sucesso ou qualquer tipo de mecânica motivacional, então tem uma combinação poderosa em suas mãos.

É até possível que uma pessoa saiba aonde vai, mas lhe falte autoconfiança para convencer as outras a segui-la. A autoconfiança é sempre acompanhada de convicção, e é isso que leva os outros a acreditar em nós.

Um menino de 5 anos desenhava com o lápis de cor na mesa da cozinha quando a mãe entrou e perguntou o que estava fazendo. O filho respondeu:

— Estou fazendo um desenho de Deus.

— Mas, querido — ela comentou — ninguém sabe como Deus é.

Cheio de autoconfiança, o garoto declarou, com ousadia:

— Todo mundo vai saber, quando eu terminar.

Gosto desse tipo de atitude positiva.

Um grupo de pastores participava de uma conferência em nossa igreja. No fim da primeira reunião matinal, seguiram juntos para a área social, pois era hora do almoço. Fui para lá bem depois, esperando que já estivessem acomodados. Contudo, para minha surpresa, todas as 150 pessoas ainda estavam na fila, do lado de fora do refeitório.

Foi então que percebi o motivo: no início da fila estava meu filho Joel, que tinha 6 anos na época. Com as mãos erguidas, ele dava várias ordens: "Daqui a dois minutos tudo estará pronto para vocês!". Joel não tinha ideia do que estava acontecendo, mas orientava as pessoas com a maior confiança, e aqueles pastores faziam exatamente o que ele mandava. Autoconfiança é contagiante, mesmo para uma criança de 6 anos.

O autor do livro de Hebreus reconhecia o valor da autoconfiança: "Portanto, não percam a coragem, pois ela traz uma grande recompensa" (10.35). A autoconfiança não está presa no cimento: é possível perdê-la.

No que se refere à autoconfiança, a escolha daqueles com quem nos associamos tem um peso muito grande. A maioria das pessoas se enquadra em duas categorias: os que consolidam a confiança e os que a abalam. Quem não tem muita confiança em si mesmo pode ser destruído por um *abalador*.

Certo homem vivia à beira da estrada, vendendo cachorro-quente. Não escutava muito bem, por isso não tinha rádio. Como também tinha problema de visão, não lia jornais. Mas os cachorros-quentes eram ótimos. Aquele sujeito colocou cartazes na estrada anunciando sua especialidade. Ficava em pé, na beira da estrada, gritando: "Vai um cachorro-quente, senhor?". E as pessoas compravam. Por isso, ele encomendou mais carne, mais pão e comprou um fogão maior para acompanhar a demanda. Ganhou dinheiro suficiente para pagar o curso superior para o filho.

Infelizmente, a educação que o rapaz recebeu na faculdade o transformou num pessimista. Ao voltar para casa, ele disse:

— Pai, você não ouviu falar no rádio nem leu nos jornais? Há uma grande recessão na economia. A situação na Europa é terrível, e a do país é ainda pior.

Depois de ouvir aquelas coisas, o pai pensou: "Bem, meu filho foi para a faculdade. Ele lê os jornais e ouve rádio. Ele deve saber o que está dizendo". Assim, o pai cortou as encomendas de carne e pão, tirou os cartazes e deixou de anunciar os cachorros-quentes na beira da estrada. É claro que suas vendas despencaram do dia para a noite.

— Você tem razão, meu filho — disse ele ao rapaz — estamos mesmo num momento de grande recessão.

Os abaladores de confiança olham sempre para o lado negativo das coisas. Quando conseguem convencer alguém, o próprio fator de sucesso da pessoa é transformado no motivo de sua decadência.

Infelizmente, esse processo de negatividade pode (e costuma) acontecer na vida de vários cristãos. Todos passam por períodos de provação, nos quais se perguntam como Deus poderá suprir suas necessidades. Com a *ajuda* de um bom abalador de confiança, começam a duvidar da intervenção de Deus e da própria capacidade. Esse pode ser o ponto de partida de uma espiral descendente que acaba no abismo do fracasso e da frustração. A autoconfiança não foi apenas abalada — também foi arrancada.

A mensagem positiva de Hebreus 10.35 é que nossa autoconfiança proporciona grande retribuição. Se a pessoa for capaz de mantê-la e consolidá-la, será mais do que recompensada. Confiar em si mesmo é a pedra angular do sucesso. Para aqueles que não acreditam no próprio potencial, é bem difícil levar fé nos outros. A autoconfiança produz confiança nos outros, num efeito muito parecido com o do bumerangue: depois de ser lançada, ela volta.

Por que é preciso ter autoconfiança?

Em primeiro lugar, a autoconfiança gera estabilidade em todas as áreas da vida. A autoconfiança é a mesma coisa que a satisfação pessoal. Satisfação é saber que se tem tudo quanto é necessário para as circunstâncias atuais. O texto de Filipenses 4.11-13 fornece a base para esse conceito:

> Não estou dizendo isso por me sentir abandonado, pois aprendi a estar satisfeito com o que tenho. Sei o que é estar necessitado e sei também o que é ter mais do que é preciso. Aprendi o segredo de me sentir contente em todo lugar e em qualquer situação, quer esteja alimentado ou com fome, quer tenha muito ou tenha pouco. Com a força que Cristo me dá, posso enfrentar qualquer situação.

Esses versículos não podem ser separados, pois há uma relação direta entre passar pelos momentos ruins da vida e aproveitar os bons. O apóstolo Paulo descansava na certeza de que sua força residia somente em Deus. Ele compreendeu que a autoconfiança e a satisfação pessoal lhe davam a estabilidade da qual precisava para enfrentar todo tipo de situação que encontrasse em sua vida tão atribulada.

Satisfação é analisar a situação atual — sejam quais forem os obstáculos que a pessoa esteja enfrentando, as limitações com as quais precise conviver, os fatores permanentes de esgotamento, os sonhos que foram despedaçados, os aspectos e as circunstâncias da vida que desestimulam — e admitir que não se gosta dela, mas nunca dizer: "Não tenho condições de enfrentá-la".

É possível que a pessoa passe por alguma angústia, mas dificilmente chegará ao desespero. Talvez se sinta pressionada, mas é pouco provável que se considere derrotada. Paulo afirma que há recursos ilimitados que Cristo disponibilizou por causa de seu amor. Ao dizer que não tem condições de enfrentar as dificuldades, essa pessoa está deixando de utilizá-los. Satisfação, portanto, é manter a confiança de que estamos qualificados para enfrentar qualquer provação porque Jesus disponibilizou sua força dentro de nós.

Se a primeira coisa que a autoconfiança produz é *estabilidade*, a segunda é a capacidade de ampliar limites. A partir do momento que os fundamentos estão bem fortes e estáveis, a pessoa já está em condição de ampliar seus limites. Uma pessoa insegura dificilmente o faz porque é incapaz de se aventurar.

Helen Keller dizia:

> Segurança é, mais do que qualquer coisa, uma superstição. Ela não existe na natureza, nem os filhos dos homens são capazes de senti-la. Durante a jornada da vida, evitar o perigo não é uma atitude mais segura do que se expor totalmente. Ou a vida é uma aventura ousada, ou então não é nada.

Pense no elástico que se usa nos escritórios. Se não for esticado, não serve para nada. Quando a insegurança nos impede de ampliar os limites e crescer, nossa vida fica sem graça, como um elástico inútil que nunca se estica.

A autoconfiança ajuda você a liderar

A autoconfiança ajuda o líder a acreditar nos outros. Não é verdade que vemos os outros como vemos a nós mesmos? Mostre-me um líder que acredita nas pessoas e eu lhe mostrarei um líder que tem muita autoconfiança. Já o líder inseguro, por sua vez, não acredita em si, e muito menos nos outros. A pessoa insegura vive com medo de arriscar-se a elogiar, pois precisa o tempo todo de alguém que a elogie.

Aqui está uma ilustração clássica de como a autoconfiança ajuda a edificar outras pessoas. Há muito tempo, tive a oportunidade de ajudar pastores a desenvolver programas ministeriais para leigos em suas igrejas. Antes de começar a desafiar e recrutar os líderes leigos, eu marcava uma reunião com o pastor de cada igreja e perguntava quantas pessoas ele acreditava que aceitariam aquele compromisso. Depois de longa reflexão, ele fazia um cálculo bem conservador.

Em todos os casos, confiante no que estava dizendo, eu garantia que o retorno seria muito maior. Sempre tinha razão, e o pastor ficava admirado. Todos estimavam um retorno muito reduzido porque, mentalmente, eles classificavam todas as pessoas de acordo com a maneira que percebiam o nível de compromisso delas. Por isso, presumiam que a participação seria menor.

A partir do momento que se rotula alguém, essa pessoa passa a ser tratada sempre de acordo com a imagem que se faz dela. Como eu não conhecia ninguém daquelas igrejas e, por isso, não tinha nenhuma imagem preconcebida, presumi que todas as pessoas aceitariam o desafio com avidez. Eles sentiam que eu confiava neles e reagiam de maneira positiva. Se os pastores tivessem feito o desafio, talvez suas estimativas se cumprissem de fato.

Um líder confiante é aquele que produz mudanças positivas nas pessoas. Um estudo conduzido na Faculdade Springfield, em Massachusetts, ilustra essa questão. O objetivo era determinar os efeitos do trabalho contínuo e monótono, sem nenhum incentivo, sobre meninos e meninas em fase escolar.

As crianças eram orientadas a fazer um desenho detalhado de um homem. Quando terminavam, tinham de desenhar novamente, mas dessa vez a ilustração tinha de ser melhor que a primeira. Ao fim do segundo desenho, recebiam a mesma ordem: "Agora desenhem outro homem, e caprichem mais ainda".

Por mais simples que fosse o desenho, nenhuma criança era repreendida ou criticada por seu desempenho. Da mesma forma, não recebiam elogios nem incentivos, mesmo que o resultado fosse muito bom. Apenas recebiam a ordem de fazer mais um desenho.

É fácil imaginar o resultado: algumas crianças ficaram irritadas e expressaram sua revolta abertamente. Uma delas se recusou a continuar desenhando. Outra disse que aquilo tudo era uma armadilha e o instrutor era uma pessoa má. A maioria, porém, só ficou irritada, mas não disse nada e continuou a executar aquela tarefa monótona. Conforme as crianças eram orientadas a continuar com os desenhos, eles se tornavam cada vez piores, em vez de melhores.

As pessoas precisam de afirmação e elogio para manter altos padrões de desempenho. Deixar de fazer comentários negativos ou críticos não é tão importante quanto oferecer estímulo por meio de elogios e louvores. Relembrando: as únicas pessoas que podem fazer isso são aquelas que possuem um conceito positivo a respeito de si mesmas. A combinação de trabalho e estímulo aumenta a energia.

Se você estudar a vida do apóstolo Paulo notará que ele usa o conceito de "confiança" de três maneiras diferentes, mas relacionadas entre si. Em seis oportunidades, ele se refere à confiança no relacionamento com Cristo; outro tanto, ao falar de autoconfiança; e outras seis vezes comentando sobre o relacionamento com outras pessoas.

É preciso haver equilíbrio, pois as três áreas estão relacionadas. Sem confiança em Cristo, podemos cair na tentação de nos tornarmos egocêntricos e arrogantes. Sem autoconfiança, somos cristãos derrotados e fracos. Sem confiança nos outros, vivemos desconfiados e somos pouco confiáveis também.

Paulo aprendeu essa lição, e isso fez dele um motivador de sucesso, além de ótimo servo do Senhor Jesus Cristo. Não há como agir de forma incoerente com a imagem que se faz de si mesmo. A etiqueta de preço que o mundo coloca nas pessoas é muito parecida com a que elas se atribuem. Autoconfiança é o primeiro grande requisito para os maiores empreendimentos.

Como se tornar uma pessoa confiante?

Estabeleça seu valor de acordo com o padrão divino. Deus demonstrou a importância das pessoas por meio de dois atos importantes. Em primeiro lugar, ele nos criou à sua imagem; segundo, Deus (na pessoa de Jesus Cristo) morreu por nossos pecados. Ele pensou em você, acreditou em você e viu em você uma pessoa de tão grande valor que permitiu que o Filho morresse em seu lugar.

Quando começamos a nos ver à luz das ações de Deus a nosso favor, imediatamente começamos a nos tornar mais confiantes. Não há nada que se compare à consciência de que, se você fosse a única pessoa viva neste mundo, Jesus teria morrido em seu lugar. Isso torna o valor de qualquer pessoa inestimável.

Outra maneira de nos tornarmos mais confiantes é *nos concentrando em Deus, e não nas situações*. Tente viver de acordo com os primeiros três versículos do salmo 27:

> O SENHOR Deus é a minha luz e a minha salvação; de quem terei medo? O SENHOR me livra de todo perigo; não ficarei com medo de ninguém. Quando os maus, os meus inimigos, me atacam e procuram me matar, são eles que tropeçam e caem. Ainda que um exército inteiro me cerque, não terei medo; ainda que os meus inimigos me ataquem, continuarei confiando em Deus.

Podemos fazer três observações a partir desse texto. A primeira: confiança não é resultado da falta de problemas. Fica muito claro que o salmista passava por muitas tribulações e dificuldades. Ele fala de seus inimigos, as pessoas que maquinavam seu mal e queriam devorar sua carne, os adversários e até um exército inteiro acampado ao seu redor.

A segunda observação é a seguinte: a autoconfiança é resultado da confiança em Deus na hora de enfrentar os problemas. No meio das dificuldades, o salmista manteve-se concentrado em Deus, e não em sua situação complicada. O SENHOR é a minha fortaleza.

Terceira observação: as vitórias de ontem nos dão mais confiança para enfrentar o dia de hoje. No versículo 2 o salmista fala de coisas que aconteceram no passado. Ele já tinha visto seus inimigos atacar, tropeçar e cair. Em seguida, ele fala daquilo que pode acontecer naquele momento: "Ainda que um exército inteiro me cerque, não terei medo". A autoconfiança do presente é fruto das vitórias do passado.

Outra maneira de desenvolver a confiança é *estabelecer amizade com pessoas confiantes*. O velho ditado está certo: "Dize-me com quem andas e te direi quem és". A pessoa notável é aquela que nos faz sentir importantes quando estamos em sua presença.

Muita gente está fadada a sofrer de certo "complexo de Charlie Brown". Parece que esse personagem não faz nada certo. Mas perceba que um de seus problemas é o fato de Lucy estar sempre por perto. Ela não ajuda Charlie Brown em nada porque vive sempre apontando os erros que ele comete.

Certa ocasião, numa tirinha, Lucy colocou as mãos perto dos lábios e disse:

> Você, Charlie Brown, é como uma bola que parou em cima da linha do gol, bem embaixo do travessão da vida. É uma tacada errada. É um arremesso que bate no aro, na tabela e não entra na cesta. É um saque que não passa da rede. É uma queda de barriga na água depois do salto no trampolim. É uma bola fora, uma jogada de perna de pau. Você entendeu? Fui clara?

Você tem uma pessoa como Lucy em sua vida? É importante dizer que, se há pessoas como ela sempre por perto para atazanar, será difícil desenvolver a autoconfiança. Toda vez que tentar, haverá alguém para lembrá-lo de que não é capaz, não foi e nunca será. Se queremos mesmo ser confiantes, devemos nos cercar de pessoas confiantes, que acreditem em nós e nos incentivem.

Mais uma forma de desenvolver a confiança é *acumular algumas vitórias*. Comece com os sucessos menores, e aos poucos chegará a lidar com desafios cada vez maiores. Há algum tempo, ouvi uma entrevista de Jerry Coleman, locutor das partidas do time de beisebol do San Diego Padres. Ele tentava explicar por que aquela equipe havia perdido partidas que estavam praticamente ganhas. O comentário foi o seguinte: "Podemos dizer, pela maneira como estavam jogando, que perderam a autoconfiança. Eles praticamente abandonaram tudo o que sabiam para fazer tudo errado".

Acumular algumas vitórias estimula a pessoa a ampliar os limites de sua capacidade. Quem vence com frequência começa a se ver como alguém que não conhece limites. Já os fracassos constantes produzem o efeito inverso, e a pessoa passa a se ver como um perdedor que não tem a menor chance.

A melhor maneira de desenvolver uma confiança racional e equilibrada em si é perseguir vitórias logo depois de um fracasso. Não se dê ao luxo de revolver-se na autopiedade.

Eu e meu filho Joel gostávamos de brincar com o jogo da memória. Com a face das cartas voltada para baixo, o objetivo é virar de duas a duas e tentar formar pares. Por isso, é importante lembrar a posição de certas cartas. Numa noite, ele me venceu duas vezes por catorze a seis. Não ocorreu a Joel que suas escolhas poderiam estar erradas. Correndo pela sala, ele pulava de alegria, falando de sua vitória para todos.

Depois dessas duas derrotas, desafiei minha filha Elizabeth para uma partida. Ela tem a tendência de demonstrar bem menos autoconfiança do que Joel. Quando começamos nosso primeiro jogo, ela disse:

— Papai, Joel venceu você duas vezes, não foi?

— Sim, venceu — respondi.

— Foi catorze a seis, não foi?

— Sim, foi isso mesmo. Sissy, aposto que você pode me vencer igual a ele.

Joguei de maneira que perdesse o primeiro jogo com o mesmo resultado, catorze a seis. Ela estava visivelmente ansiosa para jogar de novo, e da segunda vez venceu sem minha ajuda. Quem quase começou a desenvolver um complexo e perder a autoconfiança fui eu. Então convenci minha esposa, Margaret, a jogar comigo. Venci e resolvi *pendurar as chuteiras* como vencedor.

Meu pai ensinou-me o valor da autoconfiança. Toda noite, depois do jantar, eu e meu irmão mais velho disputávamos lutas na sala de casa. Certa vez, Larry venceu todas. Meu pai percebeu que eu estava aborrecido e desmotivado com as derrotas, por isso disse a Larry que não haveria lutas entre os irmãos durante uma semana. Em vez disso, eu e meu pai lutamos diariamente, e eu venci todas as vezes. Ele erguia meu braço e me declarava vencedor.

Na semana seguinte, ele permitiu que eu e Larry voltássemos a lutar. Meu irmão nunca mais me venceu. Será que ganhei uma força adicional durante a semana anterior? Nada disso: o que adquiri foi autoconfiança por ter acumulado algumas vitórias.

O treinador de beisebol da escola onde cursei o ensino médio apareceu um dia com uma técnica para desenvolvimento de habilidade que, acreditava, faria nosso time vencer mais. Ele colocava um aro bem pequeno para treinarmos a mira do arremesso, de acordo com o seguinte raciocínio: se fôssemos capazes de acertar naquele espaço tão pequeno, faríamos ainda melhor jogando em condições normais.

Discuti a ideia com o treinador. Sabia que os colegas do time teriam dificuldade em acertar aquela argola tão pequena, e quanto mais errassem mais desmotivados ficariam. Eu tinha razão: os rapazes começaram a errar até os arremessos mais fáceis porque a confiança deles fora abalada. Fracasso produz fracasso.

Um dos maiores fatores de estímulo para a confiança é dispor de uma lista de vitórias e realizações pessoais do passado. É um conceito bíblico. Há dois personagens bíblicos que colocaram isso em prática: Sansão, que se tornou um fracasso total, e Davi, que foi um homem de grande sucesso.

Em Juízes 16.20 podemos ver a lista de vitórias de Sansão: "Ela [Dalila] gritou: — Sansão! Os filisteus estão chegando! Ele se levantou e pensou: 'Eu me livrarei como sempre'. Sansão não sabia que o SENHOR o havia abandonado". Agora vamos ler a lista de vitórias de Davi em 1Samuel 17.37: "O SENHOR Deus me salvou dos leões e dos ursos e me salvará também desse filisteu. — Pois bem! — respondeu Saul. — Vá, e que o SENHOR Deus esteja com você!".

Há duas fortes semelhanças entre esses dois homens. Ambos foram escolhidos, ordenados e ungidos por Deus, e ambos eram líderes de Israel numa época em que a nação estava batalhando contra os filisteus. Mas as similaridades terminam por aí: Sansão e Davi também tinham três diferenças entre si, e elas fizeram de um deles vencedor e do outro um fracassado.

A primeira coisa que notamos a respeito de Sansão é que ele queria agradar a si mesmo. Viveu dependendo apenas de sua força, e não sentia necessidade de confiar em Deus, mesmo quando entrava em alguma batalha. Escolheu o caminho que sempre conduz à derrota definitiva. Diferentemente de Sansão, Davi desejava agradar ao Senhor. Sabia que, se confiasse apenas em seus recursos, já estaria derrotado. Por isso clamou por Deus e foi para a batalha contando com a ajuda divina. Sua fraqueza tornou-se a força de Deus, e ele teve a vitória assegurada.

O distanciamento de Deus não apenas levou Sansão à derrota, como também foi o ponto final de sua liderança. Já para Davi, o episódio de seu embate com Golias foi o início da carreira de líder. Graças àquele evento, ele passou a ocupar uma posição na qual Deus podia usá-lo grandemente. As listas de vitórias devem servir para estimular a autoconfiança, e não a arrogância.

Ainda outra maneira de aumentar a autoconfiança é *deixar de se comparar com os outros*. Comparações sempre dão a sensação de que falta alguma coisa. A história a seguir ilustra esse conceito.

Um caminhão de leite passou por duas vacas que estavam pastando. Numa das laterais do veículo havia um texto que dizia assim: "Pasteurizado, homogeneizado, padronizado e com adição de vitamina A". Ao ver aquilo, uma das vacas comentou com a outra: "Isso faz a gente se sentir meio inadequada, não é?". Acho que todos passam por essa sensação de inadequação quando tentam comparar o que oferecem com o que os outros têm para oferecer.

Uma das maneiras mais garantidas de consolidar a autoconfiança é *encontrar algo em que a pessoa seja boa e se aprimorar até se tornar uma especialista*. Pode ser um esporte, um tipo de trabalho, uma habilidade natural ou um talento desenvolvido. Use essa força tanto quanto puder para elevar seu nível de segurança e especialização. Um líder de sucesso sabe que a melhor forma de ajudar seus subordinados é incentivando-os a descobrir e desenvolver seus dons especiais, e depois ensinar como usá-los com disciplina.

Além disso, *comece a acumular conhecimento sobre pessoas e produtos*. Lembre-se de que o sucesso é composto de 15% de conhecimento de produto e 85% de conhecimento de pessoas. Com o conhecimento do produto e das pessoas com quem vamos trabalhar, já é possível sabermos como satisfazer suas necessidades. Isso inevitavelmente eleva sua confiança.

Aqui está uma história bem-humorada que aponta a importância de saber com quem se está lidando. O diácono de uma igreja batista anunciou a venda de uma vaca.

— Quanto você quer por ela? — perguntou um possível comprador.

— Quero 150 dólares — respondeu o diácono.

— E quanto ela produz?

— Quinze litros de leite por dia.

— Mas como posso saber se ela vai mesmo produzir todo esse leite? — questionou o comprador.

— Confie em mim — disse o vendedor. — Sou um diácono batista.

— Está bem, eu compro. Vou levar a vaca para casa e trago o dinheiro mais tarde. Pode confiar em mim. Sou um presbítero da igreja presbiteriana.

Quando o diácono batista voltou para casa, perguntou à mulher:

— O que é o presbítero na igreja presbiteriana?

— É quase a mesma coisa que o diácono de uma igreja batista — ela explicou.

— Ai, mulher — suspirou o homem — acabei de perder uma vaca.

O diácono tinha conhecimento do produto: conhecia sua vaca. No entanto, a falta de conhecimento sobre as pessoas foi sua ruína.

O que fazer com a autoconfiança?

Agora que você já conquistou toda essa confiança em si mesmo, o que fazer com ela? Continue a abastecê-la! A autoconfiança não é constante. Ela varia de acordo com seus índices de sucesso e fracasso. Todos passamos por situações de derrota e fracasso que podem fazer nosso grau de confiança diminuir por algum tempo. Se você aceitar o fato de que não é obrigado a se destacar em tudo o que faz o tempo todo, nunca ficará deprimido quando seu melhor esforço não for o suficiente.

Você descobrirá que sua autoconfiança possui uma qualidade contagiante. Ela se espalhará por toda a sua esfera de influência. A Bíblia fornece alguns casos interessantes de *contágio* de confiança. Por exemplo, quantos matadores de gigante havia no exército de Saul? Nenhum. Quando Golias desafiou os exércitos do Senhor, os soldados tremeram de medo (1Sm 17.11).

Davi, que fora ao acampamento para levar comida para seus irmãos, avaliou a situação, foi à luta pela fé e matou o gigante. E, depois que ele virou rei, quantos outros matadores de gigante apareceram em Israel? Muitos. Eles chegaram a ser um recurso relativamente comum no exército de Israel sob a liderança de Davi. Vamos examinar 1Crônicas 20.4-8:

> Algum tempo depois, houve guerra contra os filisteus em Gezer. Isso aconteceu quando Sibecai, da cidade de Husa, matou um gigante chamado Sipai, e os filisteus foram derrotados. Houve outra batalha contra os filisteus, e Elanã, filho de Jair, matou Lami, irmão de Golias, da cidade de Gate. A lança de Lami era enorme, muiro grossa e pesada. E houve ainda outra batalha em Gate. Ali havia um descendente dos antigos gigantes que tinha seis dedos em cada mão e em cada pé. Esse gigante desafiou os israelitas, e Jônatas, filho

de Simeia, irmão de Davi, o matou. Esses três, que foram mortos por Davi e os seus soldados, eram descendentes dos gigantes da cidade de Gate.

Por que você acha que não havia matadores de gigante no exército de Saul? Com certeza, uma das razões é o fato de o próprio Saul não ser um matador de gigante. Contudo, sob a liderança de Davi havia muitos, pois ele também sabia matar um gigante. Isso ilustra um princípio formidável da liderança, que está por toda a Bíblia: uma pessoa pode fazer muita diferença. Quando você desenvolve autoconfiança, os que estão à sua volta (amigos, familiares e colaboradores) também passam a confiar mais em si mesmos. Confiança produz confiança.

Todos precisam de afirmação, tanto como pessoas quanto como cooperadores. É fácil fazer um elogio básico, do tipo "você é bom mesmo nisso". Mas o comentário que realmente significa alguma coisa é aquele específico, que menciona determinada qualidade: "Fico admirado com suas habilidades de relacionamento, e isso é muito importante para o sucesso do grupo".

Não se ajuda outras pessoas fazendo elogios vagos ou evitando a tarefa necessária de compartilhar críticas construtivas. Infelizmente, costumamos ser muito econômicos nos elogios sinceros. Levante o ânimo de seus cooperadores e incentive-os, falando publicamente do valor que eles possuem. Lembre-se: elogie em público e critique em particular.

A autoconfiança pode gerar o impulso do qual você precisa para se tornar a pessoa que Deus lhe criou para ser. Ela não substitui o caráter, a habilidade ou o conhecimento, mas potencializa essas qualidades de tal maneira que você pode fazer diferença. Quando se tem conhecimento ou habilidade junto com a energia que a autoconfiança proporciona, as coisas começam a acontecer nos relacionamentos.

Para impedir que a maior locomotiva do sistema central de Nova York, quando parada, corra o risco de se movimentar sozinha, basta colocar um simples bloco de madeira de 2,5 centímetros na frente de cada uma das oito rodas. A mesma locomotiva, movendo-se a mais de 160 quilômetros por hora, pode atravessar uma parede de concreto reforçado com barras de aço de mais de 1,5 de largura. A única diferença é o impulso. A autoconfiança fornece o impulso que faz a diferença.

Você deve se lembrar da história infantil sobre a pequena locomotiva que conseguiu realizar uma proeza porque acreditou em si. Várias grandes locomotivas que tentavam subir uma colina desistiram no caminho. Foi aí que apareceu o trenzinho, apitando e repetindo para si: "Eu acho que posso, eu acho que posso, eu acho que posso...". E começou a ultrapassar todas as outras locomotivas, que diziam: "Não dá". Quando a pequena locomotiva começou a chegar perto do topo da colina, sua velocidade foi caindo, caindo, mas ela conseguiu e chegou ao ponto mais alto, de onde declarou: "Eu sabia que podia, eu sabia que podia, eu sabia que podia...".

A locomotiva conseguiu, mas não porque fosse mais poderosa ou habilidosa que as demais. Ela chegou onde queria porque sabia que seria capaz. Tinha autoconfiança. Muitas vezes nos sentimos como se fôssemos locomotivas insignificantes. Mas quando aprimoramos nossas habilidades e talentos e adicionamos uma boa dose de confiança temos o poder de subir colinas e superar obstáculos e barreiras que poderiam nos prostrar no meio do caminho. Por que sair do trilho e desistir quando podemos conquistar montanhas com o impulso que a autoconfiança proporciona?

Faça acontecer
Princípios pessoais

- A confiança contagia.
- Satisfação é manter a confiança de que estamos qualificados para enfrentar qualquer provação porque Jesus disponibilizou sua força dentro de nós.
- Não há como agir de forma incoerente com a imagem que se faz de si mesmo.
- Seis passos para desenvolver a autoconfiança:
  Estabeleça seu valor de acordo com o padrão divino.
  Concentre-se em Deus, e não na situação.
  Faça amizade com pessoas confiantes.
  Acumule algumas vitórias.
  Encontre algo em que seja bom e se aprimore até se tornar especialista.
  Comece a adquirir conhecimento sobre pessoas e produtos.
- Quando se têm conhecimento ou habilidade e a energia que a autoconfiança proporciona, as coisas começam a acontecer nos relacionamentos.
- Um líder confiante produz mudanças positivas nas pessoas.

Os princípios na prática

Aplicarei os princípios contidos neste capítulo em meus relacionamentos pessoais das seguintes maneiras:

1. ....
   ....

2.

3.

4

Como se tornar um exemplo que outros desejam seguir

Desenvolva as qualidades de um líder eficaz

EM QUALQUER ÉPOCA, CHEGA UM momento no qual a liderança deve surgir para suprir as necessidades imediatas. Por isso, não há nenhum líder em potencial que não perceba que sua hora chegou. Lamentavelmente, também há ocasiões em que nenhum líder se levanta quando o momento exige.

Por que alguns períodos são marcados pela falta de liderança? E se não há líderes suficientes para atender à demanda o que pode ser feito para resolver esse problema? Alguém pediu a Michael Korda, autor de *Power!* [Poder!], que fizesse uma lista das pessoas mais poderosas dos Estados Unidos. Suas descobertas foram publicadas em um artigo chamado "O declínio gradual e o colapso total de quase todo mundo". Nesse texto, Korda afirma:

> ... fazer a lista de mobilizadores e abaladores não é fácil. Na verdade, restaram poucas figuras poderosas na vida norte-americana. Não faz muito tempo, os professores comandavam suas turmas. Os generais (ou sargentos) comandavam o exército. Os policiais eram temidos e obedecidos. Os reitores eram figuras respeitadas e reservadas, que intimidavam.

E assim por diante. Os Estados Unidos eram, com efeito, dirigidos por figuras de autoridade.[1]

A não ser que alguém tenha dormido durante as décadas de 1960 e 1970, tem-se a impressão de que tudo mudou muito. Korda diz: "Isso é resultado de um processo longo, consequência de nosso medo do poder e da autoridade...". Duas gerações inteiras se revoltaram com a própria ideia de poder.

"O poder, diz o senso geral, levou ao abuso. Por essa razão, podíamos nos virar sem ele. Não apenas podíamos, nós tínhamos de fazer isso. Tudo precisa ser objeto do desejo do povo, expresso num debate aberto".

A falta de confiança nos líderes tem um peso imenso sobre todos os tipos de relações de grupo. Era razoável supor que esse fenômeno de enfraquecimento das figuras de autoridade se espalhasse por muitas igrejas. Na verdade, poderia até ser a causa de boa parte do movimento de insurreição que resultou numa quantidade sem precedentes de pastores e outros líderes de igreja convidados a deixar seus cargos ou sumariamente despedidos.

Quando faço palestras, sempre gosto de passar algum tempo compartilhando com leigos, assim como com pastores. Ao falar sobre determinada situação em sua igreja, um leigo fez o seguinte comentário: "Parece que ninguém está no comando. Ninguém assume a responsabilidade". Talvez nenhuma outra declaração reflita melhor a frustração dos bons pastores. Eles foram ensinados a pastorear e amar, mas raramente a liderar o rebanho.

---

[1] "The Gradual Decline and Total Collapse of Nearly Everyone", em *Family Weekly Magazine*, ed. 29 de ago. de 1982.

Ensino o princípio do "guarda-chuva da liderança". Imagine um guarda-chuva aberto, segurado pela mão do líder da organização. Todos os departamentos da organização estão sob a proteção daquele guarda-chuva. O sucesso de cada um jamais poderá ou conseguirá ultrapassar a altura do líder. A liderança estabelece o padrão, seja essa organização comercial, eclesiástica ou familiar. Quanto mais alto for o padrão, mais eficaz será a liderança.

O que é uma liderança eficaz, na opinião de líderes eficazes?

- *Bernard Montgomery, marechal de campo britânico:* "Liderança é a capacidade e o desejo de agrupar homens e mulheres segundo um propósito comum e o caráter que inspira confiança".
- *Harry Truman, presidente norte-americano:* "Um líder é uma pessoa que possui a capacidade de levar outras a fazer o que não querem e ainda gostar disso".
- *Fred Smith, um líder formidável:* "Liderança significa influência". É um conceito simples, mas profundo: uma pessoa pode até ocupar uma posição de liderança, mas se não influencia os pensamentos e as ações das outras então não é líder de fato.
- *Bíblia Sagrada:* aprendemos que a liderança de verdade surge a partir do serviço. Em Mateus 15.14 lemos: "Quando um cego guia outro, os dois acabam caindo num buraco".
- *Meu provérbio favorito sobre liderança:* "Aquele que pensa que lidera mas não tem seguidor só está passeando".

Onde foram parar todos os líderes? Parece que evaporaram. Será que a verdadeira liderança se tornou um artigo raro? Não, acredito que outros líderes surgirão. O fato é que o mundo passou por crises menos graves na história recente. O último período no qual surgiram lideranças heroicas foi durante a Segunda Guerra Mundial, quando todos os países se viram envolvidos numa enorme convulsão. Falando de maneira generalizada, o surgimento de líderes segue a lei de demanda e oferta. Períodos mais turbulentos produzem homens e mulheres que se levantam para confrontar a crise.

A complexidade do atual momento histórico impede o aparecimento das lideranças. Talvez as pessoas tenham se tornado analíticas demais, e por isso encontram dificuldade em entrar em ação. É possível que estejam dedicando tempo demais para estudar os problemas, e por isso não sobra muito para resolvê-los. Um bom exemplo é o do presidente norte-americano Jimmy Carter. Quando David Hartman, apresentador do noticiário *Good Morning America* (1975 a 1987), perguntou a Tip O'Neill, porta-voz aposentado da Câmara dos Deputados, quem fora o presidente mais inteligente, ele respondeu:

"Sem sombra de dúvida, foi Jimmy Carter". O'Neill revelou que Carter lia e estudava muita coisa sobre assuntos relacionados com tecnologia. Ele tinha uma compreensão superior das complexidades tecnológicas. Contudo, embora fosse um presidente muito inteligente, não era um líder forte. Infelizmente, os problemas que os países enfrentam hoje, sempre intrincados e desconcertantes, não ajudam a produzir líderes. O povo é alvo de tantos apelos que é quase impossível se unir em torno de uma liderança.

Outra razão pela qual há poucos líderes de destaque é a reação negativa das pessoas às figuras que representam qualquer tipo de autoridade. No caso dos Estados Unidos, isso ficou patente depois da Guerra do Vietnã. Os movimentos pacifistas e de *hippies* ganharam notoriedade por causa do desprezo à guerra e à violência. Um adesivo que os motoristas norte-americanos colam no para-choque refletia a atitude mais comum naquela época: "Desafie a autoridade".

Não há mais lealdade inquestionável àqueles que estão no poder. Incidentes como o caso Watergate colocaram mais lenha na fogueira do descrédito. O mundo aprendeu a suspeitar de qualquer pessoa que exerça algum tipo de autoridade. Na história recente dos Estados Unidos não surgiu nenhum líder exemplar nas últimas três décadas. Interessante, porém, é notar que, durante a década de 1980, o orgulho do povo norte-americano foi renovado sob o estilo de liderança de Ronald Reagan. Oro que, num futuro próximo, voltemos a ver o despertamento de mais líderes objetivos, visionários e fortes, inclusive nas igrejas.

Embora eu ou você possamos nunca alcançar a condição de líder mundial renomado, cada um possui alguma área de influência. Somos líderes em nossas casas, nos escritórios, nas igrejas ou nos ministérios. Sendo assim, devemos nos esforçar para ser os mais eficazes possíveis. Acredito que há cinco características inegociáveis que todo líder eficaz deve possuir: vocação, capacidade de comunicação, criatividade diante dos problemas, generosidade e coerência.

O líder eficaz deve sentir-se vocacionado

Os verdadeiros líderes sentem uma necessidade urgente de assumir suas posições. É o senso de responsabilidade. Acredito que, no momento que um pai e uma mãe veem o filho recém-nascido, eles passam a sentir uma forte vocação para se tornar exemplos divinos para aquela nova vida tão preciosa. Para o líder de igreja ou pastor, há um chamado específico de Deus. Trata-se de um sentimento ou desejo profundo e inato que o induz a desempenhar o papel para o qual foi vocacionado. No caso do líder empresarial, é imperativo enfrentar o desafio, colocar a armadura e seguir adiante.

Em Isaías 6.1-9 encontramos um exemplo nítido de homem vocacionado por Deus para uma tarefa específica. Nos versículos 1 a 5, Isaías descobre Deus e a si mesmo. Ele se intimida diante da grandeza e da glória do próprio Deus dentro do templo, que contrasta com a impureza e a indignidade do profeta. As pessoas vocacionadas descobrem algo maior do que elas mesmas: uma missão, um desafio, um objetivo ou um movimento que as coloca na arena.

Quando uma pessoa é chamada para liderar, também assume uma atitude vitoriosa. Em Isaías 6.6-7 lemos:

> Aí um dos serafins voou para mim, segurando com uma tenaz uma brasa que havia tirado do altar. Ele tocou a minha boca com a brasa e disse: — Agora que esta brasa tocou os seus lábios, as suas culpas estão tiradas, e os seus pecados estão perdoados.

O líder sente a segurança de que é a pessoa adequada para cumprir a tarefa que lhe é proposta. Essa antecipação da vitória o habilita a continuar em sua missão e superar obstáculos que surgem no caminho.

Um líder sempre sabe que sua hora chegou. Mais cedo ou mais tarde virá o dia no qual os dons e talentos específicos daquela liderança tornam-se necessários para enfrentar uma crise. Os líderes tentam usar e exercer seus dons para a glória de Deus. Também sentem um desejo forte e urgente de serem usados pelo Senhor. No versículo 8, Isaías ganha sua oportunidade: "Quem é que eu vou enviar? Quem será o nosso mensageiro?", pergunta Deus. Em seguida, Isaías demonstra o desejo de ser usado: "Aqui estou eu. Envia-me a mim!".

Esse desejo do coração do líder é o que chamo sensação de "preciso fazer". Pessoalmente tenho essa sensação de que "preciso" falar alguma coisa, apontar uma direção e guiar outras pessoas para cumprir uma missão. Não acho que seja questão de escolha. Na verdade, há momentos nos quais eu preferiria ficar quieto e colocar alguém para enfrentar o desafio em meu lugar. Mas quando vejo ou sinto que aquilo tem a ver com Deus essa sensação de "preciso fazer" me compele a continuar trabalhando. Quem segue um líder autêntico reafirma a vocação que ele recebeu. Ele não precisa anunciar nada — os outros o fazem.

E o que acontece com quem não está envolvido num ministério cristão? Creio que Deus coloca cada pessoa numa área na qual ela pode usar seu dom e influenciar outras pessoas. Por exemplo, é possível que alguém se sinta vocacionado a iniciar um negócio. Essa pessoa sabe que estará usando da maneira mais correta seu dinheiro, seu crédito e até sua reputação. Há algo dentro dela que a dirige e impulsiona.

Talvez você esteja se perguntando se alguém pode ser um grande líder sem se sentir vocacionado. Acredito que ele pode ser bom líder, mas não se destacará. Pode até parecer algo meio místico, mas creio que Deus coloca sua mão sobre aqueles que convoca para exercer lideranças de destaque. No entanto, qualquer líder pode cultivar e potencializar suas habilidades.

Como discernir esse chamado divino à liderança? Um sinal é este: gente vocacionada é perseverante, ou seja, não desiste — nem conseguiria, mesmo que tentasse. Da mesma maneira, pessoas ungidas para um ministério de liderança têm sempre as respostas certas, pois o Deus que as chamou também as capacita. Há muitas vozes no meio da multidão, mas o líder vocacionado sobressai. Ele se destaca no meio do normal, do banal, da mesmice. Além disso, ele tende a multiplicar sua liderança, formando outros vocacionados. Seu ministério é frutífero. Líderes vocacionados fazem diferença em qualquer tempo, seja qual for a questão.

O líder eficaz deve ser capaz de se comunicar

Os grandes líderes possuem a capacidade de comunicar visualmente sua mensagem às pessoas. Há muito tempo, Ronald e Nancy Reagan participaram do programa *Good Morning America*. Nancy estava perto demais da beira do palco e caiu. Várias pessoas logo se apressaram em ajudá-la, enquanto o presidente ficava assistindo à cena. Ao saber que a esposa estava bem, ele olhou para ela e disse, brincando: "Nancy, eu já falei para você só cair das plataformas quando ninguém estiver me aplaudindo".

O presidente Reagan foi capaz de se valer de um incidente constrangedor para se comunicar. Ele transmitiu à plateia a mensagem de que tinha controle sobre a situação, que tinha presença de espírito e que confiava tanto na esposa a ponto de fazer uma brincadeira a partir daquele incidente.

Os bons comunicadores são capazes de demonstrar que confiam muito nas pessoas de sua equipe. O nível de confiança é muito alto. Por isso é que, em minha opinião, Ronald Reagan demonstrou suas qualidades como nenhum outro na história recente dos Estados Unidos. Analise o texto a seguir, publicado na revista *Fortune*:[2]

---

[2] Ed. 15 de set. de 1986.

Selecionar pessoas competentes com as quais tinha perfeita sintonia capacitou Reagan a delegar responsabilidades com maior eficiência do que a maioria dos presidentes norte-americanos. O ex-secretário de Transportes Drew Lewis relata um episódio durante a greve dos controladores de voo nos Estados Unidos, em 1981, que deu o tom das relações entre patrões e empregados na era Reagan. Lewis preocupava-se com o risco de os amigos de Reagan, cujos aviões particulares estavam no solo, tentarem pressioná-lo a voltar atrás na decisão de despedir os profissionais dos aeroportos, recomendada pelo secretário. Por isso, ligou para o presidente para ver até que ponto seria capaz de manter as demissões.

Lewis conta: "O presidente disse: 'Drew, não se preocupe comigo. Quando apoio alguém — e acho que você tem razão na questão dessa greve — não volto atrás. Você não precisa insistir'. Daquele dia em diante, ficou claro para mim — tanto no aumento do imposto federal sobre a gasolina, em 1983, quanto na venda da rede ferroviária Conrail — que, quando ele dizia 'tudo bem', eu não precisava mais consultá-lo. Eu tinha carta branca".

Alguns colaboradores de longa data de Reagan diziam que sua capacidade de delegar era resultado da experiência que adquirira como ator em Hollywood. John Sears, ex-coordenador de campanha, diz: "Muita gente da política e do empresariado acha que delegar poder é uma maneira de admitir que há alguma coisa que a pessoa não sabe fazer. Mas os atores vivem cercados de pessoas com algum tipo de autoridade — diretores, produtores, roteiristas, operadores de câmera, engenheiros de iluminação e assim por diante. Mesmo assim, o papel do ator não é prejudicado. O astro é o astro. E se o trabalho for um sucesso, o crédito é todo dele".

Todo recurso que lhe for confiado — dinheiro, métodos, materiais ou tecnologia — pode ser depreciado. Tudo pode ficar obsoleto. Os recursos humanos também podem perder seu valor. É verdadeira a afirmação de que, em algumas organizações, as pessoas valem menos (em certos casos, chegam a não ter valor nenhum) a cada ano que passa. Mas os recursos humanos também podem ser valorizados. As pessoas podem se tornar mais importantes. Os líderes mais capazes entendem que uma das tarefas fundamentais da administração é encontrar formas de mover o crescimento das pessoas.

Quando Thomas Edison completou 80 anos, um repórter perguntou a ele qual de suas invenções considerava a maior. Sem hesitar, ele respondeu: "O laboratório de pesquisas". Tenho minhas dúvidas de que sua resposta tenha sido compreendida naquela época. Todo mundo estava impressionado com suas produções maravilhosas: a lâmpada elétrica incandescente, o gramofone, os aprimoramentos que fez no rádio e no telefone, entre outros. Ficou conhecido como "o mago de Menlo Park". Ele transformou a vida chata e sem graça das pessoas, proporcionando entretenimento, luz, possibilidades e alternativas, e o fez de tal forma que se tornou respeitado pela indústria norte-americana como nenhum outro homem.

Mas Edison compreendia o segredo de seu grande sucesso: ninguém faz nada sozinho. Se você quer ser um líder fora do comum, terá de encontrar uma maneira de fazer que os outros compartilhem, adotem e ponham em prática sua visão. O líder tem visão ampla, mas também enxerga a necessidade de compartilhá-la com outras pessoas que podem ajudá-lo a tornar o sonho realidade.

Ronald Reagan fez isso de forma excepcional. Ele estabeleceu os rumos, mas deixou a execução nas mãos de seu secretário-geral. Reagan incumbiu seu gabinete e a equipe da Casa Branca de cuidar das principais iniciativas e trabalhar com novas ideias, enquanto ele se concentrava nos assuntos de maior peso, como a reforma fiscal, ou em eventos com potencial de formação de opinião, entre os quais o encontro com o líder soviético Mikhail Gorbachev. Roger Porter, acadêmico de Harvard que passou cinco anos trabalhando com Reagan na Casa Branca, afirma: "Ele não dedicava muito tempo aos assuntos periféricos. Esse é um dos segredos de seu sucesso".

Mais do que outros presidentes e muitos líderes de empresas, Reagan também foi bem-sucedido quando transformou sua visão em uma agenda simples, com prioridades claras que podiam ser entendidas facilmente por legisladores, burocratas e eleitores. Lyndon Johnson tinha sua visão da "Grande Sociedade", mas sua agenda legislativa era confusa. Os objetivos de Jimmy Carter se confundiam por causa das mudanças de rumo do governo.

Já a agenda de Reagan foi estabelecida com antecedência e cumprida com regularidade: redução de impostos e gastos públicos, desregulamentação da economia e investimentos em defesa. Gerald Goldhaber, pesquisador independente, afirma que cerca de 70% dos norte-americanos eram capazes de lembrar pelo menos uma dessas quatro prioridades do governo Reagan. Aplicada às administrações de Lyndon Johnson, Richard Nixon, Gerald Ford e Jimmy Carter, a pesquisa indicava índices variando de 15% a 45%.

Reagan foi hábil ao comunicar sua visão. Como se faz isso? Em primeiro lugar, é preciso ter uma visão clara a respeito de si mesmo. Não há como transmitir algo que a própria pessoa não consegue ver. Segundo: é preciso ser capaz de comunicar a visão de maneira criativa para que as pessoas a assimilem e adotem. Por fim, é necessário manter essa visão diante das pessoas o tempo todo, lembrando-as continuamente do objetivo.

Bons líderes também possuem autoconfiança e, consequentemente, confiança nos outros. O autor deste poema compreendeu o valor da autoconfiança, quando se trata de liderar:

> Aquele que não sabe, mas não sabe que não sabe, é um tolo; evite-o.
> Aquele que não sabe, e sabe que não sabe, é um ingênuo; ensine-o.
> Aquele que sabe, mas não sabe que sabe, está dormindo; desperte-o.
> Aquele que sabe, e sabe que sabe, é sábio; siga-o.

Confiar em si mesmo é o alicerce. Pessoas que não acreditam em seu potencial têm dificuldade para acreditar nos outros e fazê-los acreditar nelas. A autoconfiança de um líder faz aflorar a confiança de seus seguidores, o que dá a ele a liberdade de assumir riscos e ser agente de mudanças.

O líder eficaz é criativo ao enfrentar as dificuldades

Todo mundo enfrenta problemas. A capacidade de encontrar soluções criativas para eles é que determina o sucesso ou o fracasso em cada situação. O ideograma chinês para "crise" significa "perigo", mas também quer dizer "oportunidade". O segredo é usar a crise como oportunidade para mudança. Você nunca será bem-sucedido se levantar as mãos e se render. O poeta grego Homero compreendia o valor da crise. Ele escreveu: "A adversidade possui o efeito de despertar talentos que, em circunstâncias favoráveis, permaneceriam adormecidos".

Lembra-se da história do criador de galinhas cujo sítio ficava sempre inundado na época das chuvas? Embora as enchentes causassem enormes prejuízos, ele se recusava a sair dali. Quando as águas subiam e alagavam o galinheiro, ele corria para colocar as galinhas num lugar mais alto. Às vezes, ele não conseguia fazer isso a tempo e centenas de galinhas morriam afogadas.

Certa vez, cansado de sofrer tantas perdas por causa das enchentes, ele entrou em casa e falou à esposa, a voz carregada de desespero:

— Já chega! Não tenho como comprar outro sítio e também não tenho como vender este. Não sei o que fazer.

— Troque as galinhas por patos — retrucou a mulher, calmamente.

A criatividade nem sempre é um traço admirado por aqueles que não a possuem. Essas pessoas interpretam a criatividade e a inventividade como estupidez e perda de tempo. Quando acham que alguém criativo tem *salvação*, fazem de tudo para enquadrá-lo novamente na mediocridade geral, mantendo-o ocupado, instruindo-o a seguir as regras e ser prático e recomendando-o a não fazer papel de bobo. Quem pensa dessa maneira não percebe que as pessoas criativas são geniais. Se não fosse pela inventividade de alguém, os medíocres nem teriam emprego.

O irmão de Walt Disney contava uma história interessante sobre a genialidade do criador de Mickey e sua turma quando estava na quinta série. A professora determinou que os alunos colorissem uma flor de jardim. Ao passar entre as mesas para olhar os trabalhos, ela parou perto da mesa do jovem Walt. Percebendo que o desenho era bem diferente dos demais, ela disse:

— Walt, está errado. Flores não têm carinha.

— A minha tem — respondeu ele, confiante, e continuou seu trabalho.

Detalhe: na Disneylândia, todas as flores têm carinha.

O líder eficaz é generoso

A medida de um líder não está no número de pessoas que o servem, mas no número de pessoas a quem ele serve. Líderes genuínos têm algo a oferecer, e o fazem com liberalidade. O padre Anthony De Mello viu uma criança faminta tremendo de frio. Furioso, ergueu os olhos aos céus e disse:

— Deus, como pode permitir esse sofrimento? Por que não faz alguma coisa?

Depois de um longo silêncio, De Mello assustou-se ao ouvir a voz do Senhor, que respondeu:

— Eu já fiz alguma coisa. Fiz você.

Reflita sobre os comentários de William Arthur Ward, da Faculdade Wesleyana do Texas, em Fort Worth:

> Se você é sábio, deve esquecer de si mesmo em meio à grandeza.
> Esqueça seus direitos, mas lembre-se de suas responsabilidades.
> Esqueça suas dificuldades, mas lembre-se de suas bênçãos.
> Esqueça suas realizações, mas lembre-se de suas dívidas.
> Esqueça seus privilégios, mas lembre-se de suas obrigações.
> Siga os exemplos de Florence Nightingale, Albert Schweitzer, Abraham Lincoln, Tom Dooley e esqueça de si mesmo em meio à grandeza.
> Se você é sábio, deve esvaziar-se em meio à aventura.
> Lembre-se das palavras do general Douglas MacArthur: "Não existe segurança na terra. Só oportunidades".
> Esvazie seus dias da busca de segurança; encha-os de paixão por servir.
> Esvazie suas horas de ambição por reconhecimento; encha-as com a aspiração por realizações.
> Esvazie seus momentos da necessidade de diversão; encha-os com a jornada em busca da criatividade.

Se você é sábio, deve se deixar absorver pela imortalidade. Abandone o ceticismo, junto com as dúvidas, os medos, a ansiedade e a descrença.

Lembre-se destas verdades: para que uma pessoa fique na memória, ela precisa esquecer de si mesma. Ela deve esvaziar-se para descobrir-se mais completa. Deve perder-se para que possa se encontrar. Esqueça de si mesmo em meio à grandeza. Esvazie-se em meio à aventura. Seja absorvido pela imortalidade.

Não parece Jesus falando? Grandes líderes são generosos.

Um líder eficaz age com coerência

Deixei esse tópico no fim porque tem muita gente coerente que não é líder, ainda que ninguém jamais tenha conseguido alcançar uma liderança eficaz sem coerência. A partir do momento que as pessoas percebem que alguém se recusa a assumir responsabilidades ou não é confiável, elas deixam de reconhecer tal líder.

Certa vez assisti a um desenho que ilustra esse princípio importante. Um jovem diz ao pregador:

— Ser um pastor deve ser mesmo difícil. Quer dizer, viver para os outros, ter uma vida exemplar. É muita responsabilidade. As pressões devem ser enormes. Ter de ser um bom exemplo [...] gente sempre vigiando, à espera de um passo em falso ou qualquer sinal de fragilidade humana para puxar seu tapete. Não sei como o senhor faz.

No fim, o pregador falou, tímido:

— Eu fico muito em casa.

O substantivo "ser" em inglês (*being*) é derivado de uma raiz que significa "esculpir". Quando falamos de alguém como um "ser", estamos nos referindo a todas aquelas qualidades e características que identificam aquela pessoa em particular. O "ser" pode até ser corretamente considerado a *assinatura* de nossa alma. É isso que somos, e pode ser potencializado ou minimizado a partir de nossas ações e nossos pensamentos.

"O primeiro segredo para a grandeza, lembra-nos Sócrates, "é ser, na realidade, o que parecemos". Jesus expressou a mesma ideia no sermão do monte. "Cuidado com os falsos profetas! Eles chegam disfarçados de ovelhas, mas por dentro são lobos selvagens" (Mt 7.15).

Um líder deve demonstrar coerência em três áreas: no trato com as pessoas — isso proporciona segurança; nos princípios — isso proporciona um rumo; e nos projetos — isso estimula a disposição. Líderes permitem que suas origens sejam conhecidas. Um estudo realizado há alguns anos mostrou que as pessoas preferem seguir um líder do qual discordam a um líder com quem concordem, mas que muda de opinião o tempo todo.

O chamado para se tornar um líder é desafiador. A necessidade de lideranças fortes nunca foi tão evidente. O preço da liderança nunca foi tão alto. As tentações dos líderes nunca foram tão grandes. A hora para o despertamento do líder nunca esteve tão próxima. Aceite o desafio! Lembre-se: "Em qualquer época, chega um momento no qual a liderança deve surgir para suprir as necessidades imediatas. Por isso, não há nenhum líder em potencial que não perceba quando sua hora chegou. Lamentavelmente, também há ocasiões em que nenhum líder se levanta quando o momento exige".

Faça acontecer

Princípios pessoais

- Liderança significa influência
- Aquele que pensa que lidera, mas não tem seguidor, só está passeando.
- Quem segue um líder autêntico reafirma a vocação que recebeu. Ele não precisa anunciar nada — os outros o fazem.
- Os líderes mais capazes entendem que uma das tarefas fundamentais da administração é encontrar formas de promover o crescimento das pessoas.
- A autoconfiança de um líder faz aflorar a confiança de seus seguidores, o que dá a ele a liberdade de assumir riscos e ser agente de mudanças.
- Um líder deve demonstrar coerência em três áreas:
  No trato com as pessoas — isso proporciona segurança.
  Nos princípios — isso proporciona um rumo.
  Nos projetos — isso estimula a disposição.

Os princípios na prática

Aplicarei os princípios contidos neste capítulo em meus relacionamentos pessoais das seguintes maneiras:

1. ....
   ....
   ....
   ....

2. ....
   ....

3.

5

Motivação como fator de desenvolvimento pessoal

Desenvolva a arte de fazer aflorar o melhor das pessoas

EM QUE PONTO DA VIDA UMA PESSOA aprende a ser persuasiva? Quando passa a dominar a arte refinada de convencer as demais de que aquilo que é bom para ela é bom para os outros? Você já viu um recém-nascido com fome, com a fralda molhada ou apenas querendo colo? Ele tem facilidade de convencer qualquer adulto de que precisa tomar uma atitude. Ninguém gosta de ver um bebê chorando.

Quando essa criança cresce, seus métodos motivacionais tornam-se mais refinados. Ela aprende quando deve fazer pirraça ou levar um presente para a professora. Descobre que tipos de comportamento podem colocá-la em situação difícil e os que lhe permitem conseguir o que quiser. Essa habilidade de persuasão, que se revela desde o berço, pode ser refinada e benéfica não apenas para a pessoa, mas também para aqueles a quem ela lidera.

Certo dia, pouco antes de ir para a escola, meu filho Joel queria sair e ver os operários de uma construção em frente à nossa casa. Ele conhecia todos pelo nome, e eles também o conheciam. Meu filho se considerava um elemento fundamental para que o projeto fosse executado. Quando perguntei a ele se havia escovado os dentes, respondeu que sim.

Bem, eu sabia que ele não tinha feito, e por ter mentido para mim ficou de castigo, proibido de sair para ver os operários. Em vez disso, teria de escovar os dentes. Joel foi para o quarto, chorando. Logo depois, voltou com aquela cara de gato que acabou de comer o passarinho na gaiola.

— Papai — disse — que tal me liberar para sair agora de manhã e me proibir de ver televisão hoje?

— Nada feito, você não pode sair.

Ele voltou para o quarto, chorando. Dois minutos depois, apareceu de novo, dessa vez com um grande sorriso no rosto.

— Que tal me proibir de usar o computador?

Evidentemente, Joel estava tentando negociar e me persuadir a mudar de ideia. Ele é bom nisso. Ah, antes que você pergunte: ele não visitou os operários da construção.

Ouvi a história de um texano rico que fez uma festa em homenagem à filha porque ela estava quase chegando à idade de casar. Ele queria encontrar um marido apropriado para a moça, alguém que fosse corajoso, inteligente e cheio de motivação. Por isso, convidou muitos solteiros jovens e disponíveis.

Depois de se divertir bastante na festa, ele levou os pretendentes até o jardim e lhes mostrou a piscina olímpica, repleta de cobras aquáticas e jacarés. E anunciou:

— Quem mergulhar nessa piscina e atravessá-la pode escolher uma entre três coisas: ganhar 1 milhão de dólares, ficar com 4 mil hectares de minhas melhores terras ou casar com minha filha, que vai herdar todas as minhas propriedades depois que eu morrer.

Ele mal acabou de falar, um jovem pulou na piscina e reapareceu do outro lado em questão de segundos. O texano rico ficou impressionado com o entusiasmo do rapaz.

— Amigo, eu nunca vi uma pessoa tão entusiasmada e motivada em toda a minha vida. Pergunto a você o que quer: o milhão de dólares, as terras ou a mão de minha filha?

O jovem olhou para ele, tímido.

— Senhor — disse — só quero saber quem foi que me empurrou na piscina.

O mundo tem um conceito equivocado sobre a persuasão. As pessoas associam conotações negativas ao termo e o consideram sinônimo de manipulação. Na verdade, o significado da palavra latina que a originou é muito positivo: *per* significa "por meio de", e *suasio* quer dizer "doçura".

Assim sendo, a persuasão é o uso da delicadeza para convencer as pessoas a fazer alguma coisa. A persuasão eficaz é uma ação relacional, e não resultado de imposição. Ela fala ao coração, assim como à mente. Portanto, não faz uso da força ou do constrangimento.

Conseguir que alguém faça alguma coisa sem convencer essa pessoa de que aquela é a coisa certa a ser feita não é produto de um trabalho eficaz de motivação, mas de intimidação. É como a mãe que mandou o filho pequeno sentar no banco do carrinho de compras do supermercado. Ele não obedeceu, e ela insistiu para que ele se sentasse. Por fim, ela o repreendeu de tal maneira que ele acabou fazendo o que a mãe mandou. Enquanto subia no carrinho, o menino sussurrava: "Eu até posso sentar por fora, mas por dentro eu ainda estou em pé".

Quando fazemos uma coisa assim, não estamos persuadindo ninguém. Quem obedece o faz apenas por conveniência.

Não foi convencido de nada, e ainda deixou de fazer aquilo que precisava.

A capacidade de persuasão de um homem

O caso a seguir estabelece a base para o restante deste capítulo. É um relato envolvente da capacidade persuasiva de Emile Zola Berman, conforme as palavras do advogado Morton Janklo.

> Quando Emile Zola Berman, o famoso jurista de Nova York, chegou ao Clube dos Sargentos no campo de treinamento do Corpo de Fuzileiros Navais, em Parris Island, na Carolina do Sul, numa noite quente e úmida de julho de 1956, a tensão era evidente. Os instrutores dos recrutas, geralmente rudes e barulhentos, mantinham silêncio enquanto Zuke Berman (como era conhecido nos meios judiciários) entrava em seus domínios sagrados como se tivesse adquirido aquele território, caminhava até o centro do salão, subia numa mesa e, com olhar frio, mirava os militares.
>
> O salão ficou em silêncio. Em seguida, com o talento de grande ator que possuía, Berman começou a falar. "Meu nome é Emile Zola Berman. Sou um civil. Sou judeu, um ianque da cidade de Nova York. Vim até aqui para salvar o Corpo de Fuzileiros Navais. Se ninguém me ajudar, voltarei para Nova York para retomar minha vida. Mas, se vocês se preocupam com a corporação e se importam em esclarecer a verdade, vão até nossos alojamentos nesta noite e nos ajudem a preservar o orgulho de serem fuzileiros navais." Depois disso, ele desceu da mesa e saiu do salão de maneira tão silenciosa quanto havia entrado.
>
> O cenário para aquele discurso em tom dramático era a mais famosa corte marcial na história dos fuzileiros navais norte-americanos. O sargento Matthew McKeon, a própria

encarnação do sistema profissional de instrução de recrutas da corporação, seria julgado por sua responsabilidade na morte por afogamento de seis jovens recrutas de sua companhia durante um exercício disciplinar noturno nos pântanos de Ribbon Creek. Eu e Berman (na época, um jovem advogado especializado no sistema jurídico militar) nos apresentamos como voluntários para defender McKeon.

A base de nosso trabalho de defesa em relação às acusações mais graves era provar que as coisas que McKeon fez não constituíam crueldade contra as tropas, mas eram, na verdade, prática comum entre os instrutores de recrutas do Corpo de Fuzileiros Navais quando treinavam jovens para o combate.

Quando chegamos a Parris Island, alguns dias antes, acreditávamos que os instrutores cooperariam conosco na apuração da verdade sobre o treinamento dos militares. Em vez disso, o que encontramos foi um muro de pedras — erguido, ficamos sabendo depois, pelos oficiais da corporação. Ninguém falaria conosco. Não tínhamos sequer testemunhas de outras bases militares. Por mais que tentássemos, não conseguíamos persuadir a liderança dos Fuzileiros Navais, nem os instrutores, de que o futuro e a credibilidade da corporação estavam em jogo.

A aparição e o discurso dramático de um minuto de Berman no Clube dos Sargentos foi seu esforço desesperado para derrubar o muro de silêncio. "Isso pode resolver ou complicar tudo de vez", confidenciou-me quando saíamos do salão.

De volta a nossos alojamentos, Berman foi dormir e me orientou a permanecer sentado e esperar, para o caso de alguém aparecer, como esperávamos. Por volta das 2 da madrugada, como havíamos previsto, ouvimos pancadas leves na janela. Abri para a entrada de um instrutor jovem e cheio de medo. "Acho que sei por que vocês estão aqui", disse, "e estou preparado para contar o que realmente acontece nesse campo de treinamento". Seu testemunho foi crucial. Antes que terminássemos, dezenas de instrutores foram à frente para testemunhar que, de fato, a marcha no pântano era uma prática comum para disciplinar as tropas, e que não havia nada de cruel ou incomum nesse procedimento.

Zuke Berman convenceu um grupo formado por alguns dos sujeitos mais durões dos Estados Unidos a fazer a coisa certa, confrontando o medo. Peguei o relato do advogado Janklo a respeito da capacidade motivacional de Berman e destaquei os sete princípios da persuasão a seguir.

Saiba exatamente aonde você quer chegar

Antes de tentar persuadir as pessoas a respeito de qualquer coisa, você precisa estabelecer o alvo com precisão. Zuke Berman era específico em seus objetivos. O empresário H. L. Hunt também compreendeu a importância do estabelecimento de metas. Ele identificou os três passos que levam ao cumprimento delas. Primeiro, devemos decidir o que queremos; depois, decidir que sacrifícios estamos dispostos a fazer; finalmente, perseguir esse objetivo.

Ao trabalhar com pastores, uma das primeiras coisas que sugiro é que coloquem no papel uma declaração de propósitos, de maneira a ajudá-los a determinar aonde pretendem chegar. Ninguém alcança grandes realizações sem saber o rumo que está tomando. Quando criei a primeira declaração de propósitos da Igreja Wesleyana Skyline, pedi aos membros da diretoria que me ajudassem. Apresentei a questão: "Qual é o propósito desta igreja?". Eram 22 pessoas, e forneceram 16 respostas diferentes. Percebi que, se os líderes leigos não concordavam a respeito do propósito da igreja, não chegaríamos a realizar grandes coisas em nome de Deus. Precisávamos, antes de tudo, desenvolver uma declaração de propósitos. Assim, começamos a trabalhar juntos, esclarecemos as linhas de pensamento e chegamos a um propósito comum para a igreja.

Há uma placa com uma mensagem inspiradora no Museu de Ciência Smithsonian. É uma declaração que John Fitzgerald Kennedy fez no início dos anos 1960: "Esta nação deve se comprometer com o cumprimento da meta de, antes do fim desta década, colocar um homem na Lua". Sabemos o que aconteceu em julho de 1969. Milhões de pessoas viram na televisão. O presidente determinou um objetivo bem definido e plausível, e o país o perseguiu com entusiasmo.

Ao comentar o sucesso daquele voo histórico, Albert Siepert, diretor assistente do Centro Espacial Kennedy, declarou, em 1969: "A Nasa foi bem-sucedida nesse empreendimento porque tinha um objetivo claro e declarado. Fazendo isso, atraímos o que as pessoas tinham de melhor, e todos os setores do governo nos apoiaram". Uma meta é um sonho com data marcada para realização.

Para trabalhar no estabelecimento e na perseguição de metas, tenha em mente estes cinco "C":

- *Considerar a questão:* que tipo de reação se deseja? Foi isso que Berman se perguntou quando pediu ajuda àqueles sargentos instrutores do Corpo de Fuzileiros Navais.
- *Credibilidade:* que devo fazer para provocar essa reação?
- *Conteúdo:* que devo dizer para provocar essa reação?
- *Convicção:* como devo dizer isso?
- *Conclusão:* que etapas são necessárias para provocar a reação desejada?

Muitas organizações lembram a história da garotinha que andava de ônibus com o pai sem saber aonde iam. Então ela perguntou: "Papai, aonde chegaremos quando chegarmos aonde estamos indo?". É melhor saber o destino antes de entrar no ônibus.

Coloque-se na situação da outra pessoa

Não persuadimos ninguém a partir de nosso ponto de vista, mas quando assimilamos a perspectiva da outra pessoa. Berman fez isso ao dizer: "Vim até aqui para salvar o Corpo de Fuzileiros Navais". Ele não disse: "Tenho um ótimo currículo, e vim até aqui para apresentá-lo a vocês". Berman identificou-se imediatamente com o sentimento de orgulho dos fuzileiros e, com isso, atraiu a atenção e o respeito deles.

Fique atento às razões específicas pelas quais a outra pessoa requer o uso de persuasão e, talvez, resiste a ela. O que acontece com seus objetivos para que provoquem resistência ou desconfiança? Que necessidade ou prioridade dessa pessoa pode ser ameaçada por sua meta? Como mitigar esse medo?

Aqueles fuzileiros estavam preocupados: caso se apresentassem, desafiando a política de silêncio dos superiores, poderiam se meter em encrenca.

Berman não tentou enganar os fuzileiros com algum argumento do tipo "não tem perigo, podem falar"; o risco era óbvio. Em vez disso, ele optou por apelar ao orgulho que eles possuíam por serem homens e fuzileiros navais. Berman se posicionou ao lado daqueles militares e fez que percebessem que seu objetivo era o mesmo que o deles, ou seja, salvar a reputação da corporação. Ao se colocar na posição da outra pessoa, é possível desenvolver sensibilidade a respeito das necessidades que ela tem, e assim conduzir melhor suas questões. Nem sempre é fácil fazê-lo, mas geralmente é necessário, quando se almeja o sucesso.

Certa vez, participei com o dr. Carl George e com o dr. C. Peter Wagner de uma conferência chamada "Como quebrar a barreira dos 200". Quando fui incumbido de falar desse tema, sabia que era um ponto sensível, pois muitas igrejas estavam bem aquém daquele número de membros, nos Estados Unidos.

Lembrei-me de minha própria experiência quando fui pastor em Hillham, no Estado de Indiana. Tinha de me identificar com aqueles pastores de igrejas pequenas antes de começar a encorajá-los. Havia três questões que eu precisava responder antes de me colocar na mesma situação. São perguntas genéricas, que você também pode se fazer.

Em primeiro lugar, *o que eles sabem*? Por quais tipos de experiência passaram? Se a única coisa de que se dispõe é um martelo, tudo o mais é prego. Será que estavam usando apenas uma ferramenta? Pergunte às pessoas o que é importante para elas. Descubra o que lhes é peculiar.

A segunda pergunta: *o que eles sentem*? A persuasão eficaz leva em conta as emoções das pessoas. Uma vez identificadas, é possível estabelecer um plano de ação.

Bob Conklin, no livro *How to Get People to Do Things* [Como convencer as pessoas a fazer o que queremos], relembra a história de Ralph Waldo Emerson e seu filho lutando para colocar uma bezerra dentro do celeiro. Encharcado de suor, o grande sábio estava à beira de perder o autocontrole quando uma jovem criada irlandesa apareceu. Ela sorriu com meiguice para Emerson e enfiou o dedo na boca do animal. Enganada por aquele gesto maternal, a bezerra seguiu sem problemas a jovem até o celeiro.

"As pessoas são como a bezerra", afirma Conklin. "Você pode cutucá-las, beliscá-las, empurrá-las, e ainda assim elas não saem do lugar. Mas dê a elas um bom motivo — com o qual elas se identifiquem — mostrando de que forma se beneficiarão e o seguirão pacificamente. As pessoas fazem as coisas com base nas próprias motivações, e não nas nossas. E essas motivações são emocionais, proporcionais aos seus sentimentos.

Conta-se que, quando Michael Faraday inventou o primeiro motor elétrico, queria atrair o interesse e o apoio do primeiro-ministro britânico William Gladstone. Assim, Faraday pegou o protótipo — um fio envolvendo um ímã — e mostrou ao estadista. É claro que Gladstone não se interessou.

— Para que serve isso? — perguntou a Faraday.

— Um dia, o senhor poderá cobrar impostos por isso — respondeu o grande cientista.

Ele conseguiu o que queria e a recompensa por seus esforços quando apelou aos interesses do primeiro-ministro. Ali estava uma invenção que representava o suor, a fadiga e a genialidade de Faraday, mas para conquistar a aprovação de Gladstone era preciso que representasse dinheiro.

A terceira pergunta é: *o que eles querem?* As pessoas têm certas demandas e expectativas. Se conseguem perceber que aquilo que você quer também pode proporcionar o que desejam, elas se abrirão e demonstrarão mais receptividade. O grande orador motivacional Zig Ziglar costuma dizer: "Você pode conseguir tudo o que quiser na vida, desde que ajude muitas pessoas a conseguir o que elas querem". Quando são tocadas em seus pontos de maior sensibilidade, as pessoas se dispõem a pagar o preço.

No livro *Como ser um grande vendedor*,[1] Tom Hopkins afirma: "É preciso enxergar as coisas com outros olhos". Ele dá o exemplo de um agente imobiliário cego que atribuía seu grande sucesso ao fato de não poder ver as propriedades que vendia e, portanto, ter de enxergá-las com os olhos dos potenciais compradores.

> Você precisa visualizar os benefícios, os aspectos e as limitações de seus produtos ou serviços a partir do ponto de vista do potencial comprador. Deve pesar cada detalhe usando a escala de valores do cliente, não a sua. A partir daí, concentre-se nos benefícios que ele valoriza mais.

Sua perspectiva determina suas ações e reações.

> Quando o outro leva muito tempo, ele é lento.
> Quando levo muito tempo, sou perfeito.
> Quando o outro não faz, é preguiçoso.
> Quando não faço, estou ocupado.
> Quando o outro faz alguma coisa que ninguém pediu, passou dos limites.
> Quando faço o que ninguém pediu, tenho iniciativa.
> Quando o outro negligencia uma regra de etiqueta, é rude.
> Quando esqueço essas regras, sou original.
> Quando o outro agrada ao chefe, é um puxa-saco.
> Quando agrado ao chefe, estou cooperando.
> Quando o outro progride, é oportunista.
> Quando eu progrido, é recompensa pelo meu trabalho.

O articulista Sidney J. Harris escreveu:

> Tomás de Aquino, um dos maiores conhecedores de educação e persuasão que já existiu, disse certa vez que, quando você

---

[1] Rio de Janeiro: Record, 2000.

deseja converter alguém à sua maneira de pensar, deve ir até essa pessoa, tomá-la pela mão (em sentido figurado) e guiá-la. Não se deve ficar do outro lado da sala, gritando por ela, nem ofendê-la, nem ordenar que vá até você. O ponto de partida para começar a trabalhar é o lugar onde essa pessoa está. É a única maneira de mobilizá-la.

Exponha logo os problemas

Um dos trechos clássicos do discurso de Zuke Berman é a declaração que faz logo no início: "Meu nome é Emile Zola Berman. Sou um civil. Sou judeu, um ianque da cidade de Nova York". Não se pode dizer que ser civil, judeu e viver em Nova York fossem as qualificações ideais para participar do conselho de defesa numa corte marcial do Corpo de Fuzileiros Navais, em plena Carolina do Sul, em julho de 1956. Mas ao colocar todas as cartas na mesa logo no início Berman sabia que aqueles obstáculos ficariam para trás, e não no caminho.

Quando você enfrenta os problemas potenciais logo no início e abre o jogo, está em condições de partir para as coisas mais importantes. Caso contrário, as questões nunca são tratadas e sempre aparece alguma coisa para complicar. Confio muito nesse princípio quando exerço a liderança. É o que fazia antes das reuniões da igreja. Eu enviava uma carta listando todos os problemas que a congregação poderia enfrentar naquele momento. O fato de saber que seu líder conhece os problemas faz qualquer organização se sentir segura e tranquila.

Sempre enfrente os problemas. Com isso, estabelecerá uma base de confiança, necessária em qualquer relacionamento. Deixar de lidar com os problemas permite que as pessoas se apavorem com a situação e criem barreiras e sentimentos negativos. Com isso, surge uma lacuna na credibilidade do líder.

Mais cedo ou mais tarde você terá de resolver essas dificuldades. Melhor que seja logo no início, antes que se agravem e não haja mais solução.

Esteja preparado para correr riscos

Você precisa arriscar o pescoço e assumir compromissos que podem custar alguma coisa. Berman fez isso quando declarou: "Se ninguém me ajudar, voltarei para Nova York para retomar minha vida".

Toda vez que se tenta mudar uma opinião — pode ser de um júri, durante o julgamento de um homicídio, ou de um amigo, cônjuge ou parente — são encontrados altos níveis de resistência. Chegará o momento em que você fez o melhor que pôde e terá de se preparar para manter sua posição e asssumir as consequências. A maioria das pessoas, quando tenta sugerir um ponto de vista de maneira persuasiva, fica com medo de fracassar, e esse temor é transmitido àquela a quem tenta persuadir.

O medo é a causa mais óbvia do fracasso. Se você é capaz de fortalecer sua coragem, como Zuke Berman fez, apresentar todos os aspectos da questão e seguir em frente, preparado para eventuais perdas, vencerá com maior frequência. As pessoas têm grande respeito por alguém que diz: "A questão é essa. Fui o mais honesto que pude na hora de apresentar meu ponto de vista e espero que você concorde comigo".

Os líderes possuem duas características importantes: sabem aonde vão e são capazes de persuadir outras pessoas a acompanhá-los. A liderança eficaz e ousada se estabelece quando há convicção (a questão é justa) e autoconfiança (posso fazer isso, e os outros podem cooperar comigo).

Invoque a visão mais ampla

Muitas pessoas são inerentemente justas e decentes e querem fazer a coisa certa. No entanto, nem sempre têm muita certeza do significado dessas coisas, e costumam ficar muito nervosas quando são pressionadas a dizer "sim" ou "não". É sua função, como agente de persuasão, fazê-las entender os valores humanos representados por seu ponto de vista. Elas precisam ser levadas a se solidarizar com aquilo que você está tentando fazer, e assim desejarem reagir da maneira esperada. Zuke Berman fez isso quando falou: "Vim até aqui para salvar o Corpo de Fuzileiros Navais". Os instrutores dos recrutas compreenderam e admiraram a coragem daquele homem.

O movimento pelos direitos civis teve sua vitória definitiva sobre a intolerância quando os telejornais mostraram policiais soltando cães sobre a multidão que marchava em Selma, no Alabama, e as pessoas apanhando de cassetete. De repente, pessoas de todos os Estados Unidos entenderam os efeitos reais das políticas injustas e desumanas. Seus sentimentos afloraram de maneira positiva, e não demorou muito para que o presidente e o Congresso sentissem que a opinião pública apoiaria uma nova legislação.

As pessoas não compram jornais. Elas compram notícias. Ninguém compra óculos, e sim uma visão melhor. As mulheres que gastam muito dinheiro em cosméticos estão, na verdade, tentando comprar beleza. Milhões de brocas foram vendidas, mas nenhuma pessoa comprou — elas compraram buracos. Livros de dieta vendem não porque divulgam os males e riscos da obesidade, mas porque os anúncios descrevem como uma pessoa pode ficar atraente quando perde peso.

Os atletas não passam pela agonia dos treinamentos e exercícios físicos só para evitar a derrota; eles se dispõem a tudo isso para fazer parte da equipe e serem vencedores. Apelar para a visão mais ampla é simplesmente ajudar os outros a se tornar não apenas o que são capazes de ser, mas o que realmente querem ser.

O método da motivação não é nenhuma novidade. Já era descrito em detalhes pelo filósofo Lao-Tsé há 2.500 anos. "Um líder é bom quando as pessoas mal conseguem perceber que ele existe; não tão bom quando as pessoas lhe obedecem e o aclamam; pior quando o desprezam. Mas a respeito do ótimo líder, que fala pouco quando termina seu trabalho e o objetivo é atingido, elas dizem: 'Fomos nós que fizemos'".

No início do século 20, a mesma filosofia se propagou por meio de Harry Gordon Selfridge, que desenvolveu uma das maiores lojas de departamento de Londres. Selfridge, que alcançou sucesso como líder mais do que como patrão, fez o seguinte comentário sobre os dois tipos de executivo:

> O patrão orienta as pessoas; o líder as treina.
> O patrão depende de autoridade; o líder, da boa vontade.
> O patrão diz "Eu"; o líder diz "Nós".
> O patrão se preocupa com o responsável pelo problema; o líder, com o problema.
> O patrão sabe como se faz; o líder ensina.
> O patrão diz "Vá"; o líder diz "Vamos".

Saiba quando parar

A principal razão pela qual muitas pessoas perdem discussões não é por estarem erradas, mas por não saberem quando parar. Há um momento no qual você já expôs todas as questões factuais e emocionais a seu favor e se expressou da melhor maneira possível. Se insistir demais, não conseguirá nada além de alimentar a resistência da pessoa a quem tenta persuadir.

Zuke Berman poderia falar muito mais na noite em que foi ao Clube dos Sargentos. Poderia discursar sobre as atitudes do alto escalão militar, enumerar as questões envolvidas no caso, conversar sobre a suspeita geral de que todos os homens ali presentes fizeram o mesmo que o militar que seria julgado ou levantar as dúvidas daqueles ouvintes. Contudo, ele não fez nada disso porque sabia, de maneira intuitiva e brilhante, que insistir enfraqueceria sua posição.

Há muita dignidade na simplicidade. A maioria das obras imortais da literatura não só possui o brilhantismo da concisão, mas também a dignidade da simplicidade. A oração ensinada por Jesus consiste em apenas 76 palavras, nenhuma delas com mais que quatro sílabas.[2] A Declaração de Independência dos Estados Unidos, que revolucionou o pensamento do Novo Mundo, pode ser lida por um aluno da quarta série em menos de cinco minutos. A simplicidade é eloquente. Ela fala alto e bom som sem insultar a inteligência de quem ouve.

Defenda sua questão com entusiasmo

De vez em quando é possível que você tenha de lidar com uma questão sobre a qual sabe que está certo, mas nenhuma de suas técnicas de persuasão pode demover seus opositores. Demonstre entusiasmo! Jerome Michael, professor da Faculdade de Direito de Columbia, ensinava a seus alunos esta técnica: "Se você tem os fatos a seu favor, use-os. Se tem a lei a seu favor,

---

[2] De acordo com o texto da *Nova Tradução na Linguagem de Hoje*. (N. do T.)

use-a. Se não tiver nenhuma das duas coisas, soque a mesa". Um discurso sem entusiasmo é como um panorama pintado só com tons cinza: há forma, mas não há cor. Muitas vezes, o entusiasmo, por si só, proporciona a vantagem de que você precisa.

Na Inglaterra, há um monumento ao rúgbi, um esporte do qual deriva o futebol americano. A estátua é de um menino ansioso, inclinando-se para pegar uma bola no chão. Na base do monumento há esta inscrição: "Com um admirável desprezo às regras, ele pegou a bola e correu".

A estátua e a inscrição contam uma história verdadeira. Um jogo de futebol muito importante estava sendo disputado entre dois educandários ingleses. Nos últimos minutos da partida, um garoto com mais entusiasmo e espírito de equipe do que experiência entrou pela primeira vez em campo. Esquecendo-se totalmente das regras, especialmente a que proibia os jogadores de tocar a bola com as mãos, concentrado apenas no fato de que a bola precisava chegar à linha do gol em questão de segundos para que sua escola ganhasse o jogo, o menino a pegou e, para espanto de todos, começou a correr.

Os árbitros e jogadores, confusos, ficaram parados onde estavam. Mas os espectadores foram de tal forma mobilizados pelo ânimo do garoto e envolvidos por seu desempenho que ficaram de pé e o aplaudiram por muito tempo. Esse episódio ofuscou o restante da partida. Nascia ali um novo esporte: o rúgbi. As regras não mudaram por causa dos argumentos bem defendidos por um orador — foi por causa do erro que o menino cometeu em seu entusiasmo.

Faça acontecer

Princípios pessoais

- Persuasão é o uso da delicadeza para convencer as pessoas a fazer alguma coisa.
- Uma meta é um sonho com data marcada para realização.
- Os cinco "C" da motivação:
  Considerar a questão. Que tipo de reação se deseja?
  Credibilidade. Que devo fazer para provocar essa reação?
  Conteúdo. Que devo dizer para provocar essa reação?
  Convicção. Como devo dizer isso?
  Conclusão. Que etapas são necessárias?
- Motivamos melhor quando fazemos as coisas pela perspectiva da outra pessoa.
- Você pode conseguir tudo o que quiser na vida, desde que ajude pessoas a conseguir o que elas querem.

Os princípios na prática

Aplicarei os princípios contidos neste capítulo em meus relacionamentos pessoais das seguintes maneiras:

1. ....
   ....
   ....
   ....

2. ....
   ....
   ....

3.

6

Como conquistar o respeito das pessoas

Compreenda o valor do caráter

A MANCHETE NA CAPA DA EDIÇÃO de 25 de maio de 1987 da revista *Time* continha apenas quatro palavras: "O que está errado?". Quero compartilhar um trecho do artigo de abertura daquela edição, pois lança um breve olhar sobre a estrutura moral dos Estados Unidos naquele momento.

> A hipocrisia, a traição e a ambição enfraqueceram a alma da nação. Mais uma vez, a manhã nasce nos Estados Unidos. Mas nesta manhã os especialistas em finanças de Wall Street procuram com nervosismo os papéis para verificar se seus nomes estão vinculados aos escândalos comerciais. Candidatos à presidência espiam por trás das cortinas para ter certeza de que os jornalistas não estão vasculhando suas vidas particulares. Uma testemunha do Congresso, bastante envolvida com a política estrangeira secreta da administração de Ronald Reagan, consulta seus advogados antes de confrontar seus inquisidores.
>
> Um lobista de Washington, que antes tomava café da manhã regularmente na bagunça da Casa Branca, está preocupado com as investigações que um conselho independente faz a respeito dele. Em Quantico, na Virgínia, os fuzileiros navais

preparam para a corte marcial um de seus integrantes. Em Palm Springs, na Califórnia, um casal de televangelistas que já foi referência para 500 mil fiéis inicia outro dia de reclusão.

Essas são as cenas matinais da primavera de 1987, maculada pelos escândalos. Há lamentações no ar, e pés de barro sujam o solo [...]. Oliver North, Robert MacFarlane, Michael Deaver, Ivan Boesky, Gary Hart, Clayton Lonetree, Jim e Tammy Bakker [...]. Suas transgressões — algumas graves, outras insignificantes — abrangem toda a escala de fracassos humanos, da fraqueza de caráter à lassidão moral, à hipocrisia e à cobiça desenfreada.

No entanto, vista como um todo, a negligente falta de limites de seu comportamento revela algo perturbador a respeito do caráter nacional. Os Estados Unidos, que formaram seu orgulho formidável a partir de uma renovação espiritual, se vê chafurdando num lodo moral. A ética, geralmente desprezada como uma palavra que os puritanos ensinam na escola dominical, agora está no centro de um novo debate nacional. Sejamos francos: será que o materialismo estúpido dos anos 1980 deixará um vácuo de valores?

O mais impressionante sobre esse artigo, que não menciona outras frustrações morais da época, é que foi publicado por uma revista secular, e não por um veículo cristão. O mundo está chamando atenção para aquilo que considero o maio problema da sociedade hoje: a falta de moralidade e ética. A comunidade cristã enfrenta uma crise inacreditável de credibilidade entre seus líderes. Se não tomarmos contato com a situação e transformá-la, ela poderá causar mais prejuízos à igreja que qualquer outra coisa.

Um dos livros que transformaram minha vida nos últimos dez anos é *The Man Who Could Do No Wrong* [O homem que não podia errar], do dr. Charles Blair, bom amigo, cristão maravilhoso e pastor da igreja Templo do Calvário, em Denver, Colorado. Assisti a uma conferência na qual o dr. Blair compartilhou a história que mais tarde revelaria em seu livro.

Ele era um pastor com credibilidade e um homem de grande visão, que queria fazer algo muito importante para Deus. Infeliz e inadvertidamente, ele contratou pessoas que não compartilhavam de sua ética para levantar recursos. Por causa disso, foi indiciado e acusado de fraude.

O dr. Blair assumiu toda a responsabilidade pelo problema porque era ele quem havia contratado aquelas pessoas e confiado em seus métodos. O que faz o livro ser tão envolvente é que esse homem, um líder cristão extraordinário, admitiu com honestidade o erro que cometeu. A capa, por si, já é cativante, e nela se lê: "O alarme deveria ter soado quando me chamaram 'o homem que não podia errar'".

Ele conta que era amado pelo povo de sua igreja, respeitado pela comunidade, e adquiriu uma sensação de invulnerabilidade. Tudo o que fazia e dizia acabava dando certo. Ele tinha o toque de Midas. Depois de ouvi-lo falar e ler seu livro, entendi a importância da credibilidade. Tive a oportunidade de lhe perguntar sobre aquele episódio, e ele disse: "John, eu me coloquei na beira do precipício ao atrair pessoas e confiar nelas cegamente, sem as conhecer melhor".

O alarme deveria ter soado, mas o dr. Blair achou que não tinha necessidade de se manter alerta. Nenhum de nós pode se dar ao luxo de cometer erros. Devemos sempre estar atentos ao som do alarme, que nos lembra de que podemos estar às portas de uma catástrofe.

Líderes e credibilidade

Tão certo quanto o fato de todo líder possuir pontos fortes é o de que ele também tem fraquezas. Numa visita à Catedral de Canterbury, tive de rir ao ver uma frase grafitada em uma das paredes: "O arcebispo trapaceia no monta-palavras". Até o arcebispo tinha um ponto fraco. Mas quem não tem? O mais importante é descobrir que pontos fracos são esses para que possamos tomar cuidado.

Os líderes estão na linha de frente da batalha espiritual e são muito suscetíveis aos ataques de Satanás. Costumam ser suas primeiras vítimas. Estão expostos a pressões e tentações além daquelas que geralmente nos testam. Os imprudentes podem cair em ciladas, e há muitas armadilhas, mesmo para os mais experientes. Satanás sabe que, se puder levar o líder à queda, muitos seguidores podem cair também.

Espera-se que os líderes vivam de acordo com padrões mais elevados que o de seus seguidores. É um princípio bíblico que deve ser honrado sempre. Os líderes terão julgamento diferenciado porque seus dons e suas responsabilidades são diferentes também.

Observe o triângulo a seguir. Ele mostra que os seguidores dispõem de muitas opções no que se refere à maneira de viver e de usar seu tempo e às escolhas que fazem. Entretanto, quanto mais se sobe no triângulo, maior é o grau de liderança assumido e menor a quantidade de opções que se tem. Quem chega ao topo praticamente não tem opções porque é um líder-servo. As opções diminuem na proporção inversa da responsabilidade.

A maioria das pessoas não entende esse preceito. Muitos líderes vivem a partir da ideia de que, quanto mais influência exercem, mais opções e escolhas têm à sua disposição. Começam

a viver como se estivessem acima da lei. Tiago 3.1 destaca essa verdade: "Somente poucos de vocês deveriam se tornar mestres na Igreja, pois vocês sabem que nós, os que ensinamos, seremos julgados com mais rigor do que os outros". E Jesus, em Lucas 12.48, também declara o mesmo princípio: "Assim será pedido muito de quem recebe muito; e, daquele a quem muito é dado, muito mais será pedido".

Como líderes, devemos lembrar que Deus nos deu muito, mas também requer muito. Não somos julgados pelos mesmos padrões do mundo. Podemos pecar, como o mundo peca, e podemos, com certeza, receber perdão, como o mundo pode receber, mas não é tão fácil voltar à posição de liderança quando perdemos credibilidade diante dos outros.

Alguns líderes cristãos que caíram em tentação não parecem entender — ou não querem — a Palavra de Deus no que se refere a perdão e restauração. Assumem a seguinte atitude: desde que peçam perdão ao Senhor, têm todo o direito de voltar a ocupar seus cargos e reassumir seus privilégios. Mas nem tudo voltou a ser o que era.

Quando alguém cai, leva um tempo até recuperar a credibilidade que desfrutava. A liderança não é uma posição que se recebe gratuitamente. Ela é conquistada quando a pessoa demonstra ser confiável.

O que não falta é oportunidade para errar, mas os erros podem ser evitados se o líder ouvir os "alarmes" que tocam ao longo da vida. Tenho certeza de que não precisamos cair em ciladas. Se tomarmos cuidado, podemos evitá-las. É nisso que reside a chave para o sucesso: ouça os "alarmes". As perguntas a seguir podem ativá-los em sua vida. Analise cada uma cuidadosamente.

Como está minha vida espiritual?

Essa pergunta deve provocar uma resposta rápida e positiva. Caso contrário, você está muito perto do limite e se metendo em confusão. Meu amigo Bill Klassen me pergunta toda vez em que nos encontramos: "Você tem uma palavra vinda de Deus para o dia de hoje?". Ou: "O que o Senhor lhe ensinou nos últimos dias?". Bill não está me pedindo para contar uma história didática — ele quer saber o que Deus me ensinou hoje.

Os líderes eficazes são disciplinados em sua rotina diária. Essa é a melhor proteção para nos guardar de cair em tentação. Por que isso é tão essencial para a credibilidade pessoal? Porque a Palavra de Deus firma nosso coração. Salmos 119.11 diz: "Guardo a tua palavra no meu coração para não pecar contra ti". Isso também nos ajuda a pensar da mesma forma que o Senhor. Nós nos tornamos aquilo em que pensamos. Não dedicarmos tempo a Deus significa que o estamos gastando com outras coisas que julgamos mais importantes.

Quando isso acontece, perdemos a sensibilidade em relação ao Espírito Santo e, consequentemente, a força para resistir à tentação e enfrentar a batalha espiritual. Tudo se resume a esse fato simples: ou o pecado nos afasta da Palavra ou a Palavra nos afasta do pecado.

Uma pessoa íntegra é aquela que estabeleceu um sistema de valores que serve de referência para toda a vida. Ele é determinado pela caminhada com Deus. Certa vez, ouvi Billy Graham contar a história de uma família da Carolina do Sul que viajou para Nova York a fim de passar férias. Essa família disse a todos os amigos que assistiria à peça *My Fair Lady*, em cartaz na Broadway.

Infelizmente, os ingressos se esgotaram, e eles não conseguiram ver a peça. Ficaram tristes e envergonhados porque teriam de voltar para casa e dizer que perderam o melhor da viagem. Por isso, decidiram partir para um "plano B": juntaram vários ingressos já usados, compraram o programa da peça e uma fita com a trilha sonora. No quarto do hotel, ouviram todas as músicas e leram a história. Ao voltar para casa, cantavam e assobiavam as melodias, torcendo que ninguém jamais suspeitasse de que nunca tinham visto a peça.

Quando líderes cristãos começam a viver de fachada, estão se metendo em encrenca. Se tentam viver só de discurso, mas não na prática, estão fadados ao fracasso. É possível evitar as emboscadas. É só caminhar bem perto de Deus o tempo todo.

Estou concentrado nas prioridades?

Quando não se presta atenção nas prioridades, é fácil se desviar delas. Inúmeros líderes cristãos que alcançaram o *sucesso* descobriram que o preço pago por ele foi o fim de um casamento ou o comprometimento da saúde. Em algum ponto de sua caminhada, as prioridades foram esquecidas.

A primeira prioridade de qualquer cristão deve ser seu relacionamento com Deus. Isso significa viver cada vez mais próximo dele, em louvor e amor, e obedecer-lhe. A manutenção cuidadosa desse relacionamento é a salvaguarda mais garantida contra o fracasso.

Uma de minhas passagens bíblicas favoritas é João 21.15, em que Jesus pergunta a Pedro: "Você me ama mais do que estes outros me amam?". A pergunta do Supremo Pastor a seus *subpastores* não é: "Quanto você conhece a meu respeito?". Nem é: "Quanto você tem se dedicado a falar de mim ao mundo?". Ele pergunta: "Quanto voce me ama?".

As responsabilidades familiares devem ser nossa segunda responsabilidade, e o compromisso com o ministério ou a carreira deve vir em terceiro lugar. Paulo nos diz, em 1Timóteo 5.8: "Porém aquele que não cuida dos seus parentes, especialmente dos da sua própria família, negou a fé e é pior do que os que não creem".

As Escrituras fornecem dois exemplos de líderes que causaram prejuízo à causa do reino porque não colocaram sua vida familiar no lugar certo em termos de prioridades. Ambos eram juízes: Eli e Samuel. Sempre achei que, pelo fato de manterem uma relação mentor-estudante, a fraqueza de Eli foi herdada por Samuel. Isso também é discipulado, só que pelo lado negativo.

Vamos observar 1Samuel 3.11-13.

> E o senhor disse: Eu vou fazer com o povo de Israel uma coisa tão terrível, que todos os que ouvirem a respeito disso ficarão apavorados. Naquele dia farei contra Eli tudo o que disse a respeito da família dele, do começo até o fim. Eu lhe disse que ia castigar a sua família para sempre porque os seus filhos disseram coisas más contra mim. Eli sabia que eu ia fazer isso, mas não os fez parar.

Samuel foi um juiz bem-sucedido. Em 1Samuel 3.19-20 lemos a seu respeito: "E Samuel cresceu. O SENHOR estava com ele e fazia tudo o que Samuel dizia que ia acontecer. Assim todo o povo de Israel, do Norte ao Sul do país, ficou sabendo que Samuel era, de fato, um profeta do SENHOR".

Ainda assim, Samuel viu a nação que amava e liderava desviar-se dos propósitos de Deus. Como povo escolhido, os israelitas não precisavam de rei, pois o Senhor já reinava sobre eles. Mas por deixar de educar seus filhos no temor do Senhor Israel rejeitou a orientação de Deus. Em 1Samuel 8.1-5 está registrado:

> Quando Samuel ficou velho, pôs os seus filhos como juízes de Israel. O seu filho mais velho se chamava Joel, e o mais novo, Abias. Eles eram juízes na cidade de Berseba. Porém não seguiram o exemplo do pai. Estavam interessados somente em ganhar dinheiro, aceitavam dinheiro por fora e não decidiam os casos com justiça. Então todos os líderes de Israel se reuniram e foram falar com Samuel, em Ramá. Eles disseram: — Olhe! Você já está ficando velho, e os seus filhos não seguem o seu exemplo. Por isso, queremos que nos arranje um rei para nos governar, como acontece em outros países.

Esses alertas contidos na Palavra de Deus devem imprimir em nós a importância de manter as prioridades: Deus em primeiro lugar, a família em segundo e o ministério ou a carreira em terceiro. Só quando o relacionamento de um líder com Deus é bom, e só quando as responsabilidades com a família estão sendo devidamente cumpridas, é que ele pode se tornar confiável no exercício do ministério recebido pelo Senhor.

Sou capaz de questionar minhas atitudes?

Quais são as perguntas mais importantes? A primeira é: "Por que estou fazendo isso? Por que estou dedicando meu tempo a esse projeto ou a essas pessoas? Quais são minhas motivações?". Se você estiver fazendo a coisa certa pelos motivos errados, não conte com a bênção de Deus sobre seu projeto.

A segunda pergunta: "Como isso pode ser feito?". Isso tem a ver com hipótese. O perigo de se tentar presumir as coisas é constante, especialmente para quem se sente vocacionado a trabalhar num ministério de fé. Moisés bateu na pedra uma vez para que a água jorrasse, e depois presumiu, de maneira equivocada, que aquele deveria ser o método de Deus o tempo todo.

A terceira questão importante é: "Quando devo fazer?". Essa pergunta está relacionada com o tempo certo. Quando Deus deseja que a tarefa seja cumprida? Repetindo: líderes impetuosos tendem a colocar a carroça na frente dos burros, como Abraão fez ao tentar acelerar a promessa de Deus com Ismael. Nossa tendência é querer sucesso a curto prazo, em detrimento do desejo de Deus a longo prazo.

Há alguém a quem posso prestar contas?

Leia 1Tessalonicenses 5.12-13:

> Irmãos, pedimos a vocês que respeitem aqueles que trabalham entre vocês, isto é, aqueles que foram escolhidos pelo Senhor para guiá-los e ensiná-los. Tratem essas pessoas com o maior respeito e amor, por causa do trabalho que fazem. E vivam em paz uns com os outros.

As pessoas vivem em paz entre si quando se submetem à autoridade de alguém. Essa é uma das razões pelas quais acredito na igreja local. Todo cristão deve ser membro de uma congregação e se submeter a algum tipo de autoridade. É pouco saudável para as organizações cristãs terem em sua diretoria pessoas que não estejam integradas a nenhuma igreja local. Eu teria medo de seguir alguém que não estivesse sob a responsabilidade de algum líder. Apenas o próprio Deus tem esse poder e essa autoridade.

Meu amigo Ron Jenson me deu uma grande ideia. Pare agora por um minuto e escreva o nome da pessoa a quem você presta contas. Em seguida, escreva as "quatro perguntas que espero que jamais me façam" numa folha de papel. Liste as questões relacionadas às suas fraquezas, e depois a ajuda que uma pessoa cristã pode lhe dar para manter a integridade nessas áreas. A quinta pergunta que você deve se fazer é: "Será que menti em alguma das quatro perguntas anteriores, ou deixei de mencionar alguma coisa de propósito?".

Creio que boa parte do problema da credibilidade na comunidade cristã é causada pelas pessoas que detêm poder e lutam com as mesmas questões morais complicadas de todo mundo, mas não precisam prestar contas a ninguém. Autoridade sem responsabilidade é um perigo.

Sou sensível ao que Deus está dizendo à igreja?

Você se dá conta do fato de Deus falar com outras pessoas também? Se não pode responder com um "sim" cheio de convicção, está pisando em gelo fino. No balanço geral da integridade cristã, o Espírito fala a outros membros do corpo, que nos complementam e cobrem nossas fraquezas.

Paulo retrata esse princípio de maneira maravilhosa em 1Coríntios 12, quando fala sobre como os membros do corpo não podem se desprezar. Pelo contrário, devem ser complementares. Nós temos nossas deficiências. Faça a si mesmo esta pergunta: "Sou um líder que sabe escutar ou só gosto de dominar?". O texto de 1Pedro 5.2-3 nos instrui a não ser dominadores. O fato de alguém só se preocupar em dizer aos outros o que fazer sem dar ouvidos ao que eles têm a dizer significa que falta equilíbrio à sua liderança.

Estou exagerando na preocupação com minha imagem?

Estou cansado de ver tanto *profissionalismo* e teatralidade nos ministérios. Muitos líderes começaram a se interessar mais com sua imagem do que com a promoção do reino. A pretensão substituiu a paixão nos sermões. A maneira como lidamos com as quatro áreas a seguir revela nossa autenticidade, tanto na igreja quanto fora dela.

- *Caráter:* tomo decisões com base no que é certo ou naquilo que agrada mais?
- *Constância:* mudo minha personalidade, meu discurso ou minhas atitudes de acordo com o gosto das pessoas?
- *Crédito:* quando faço alguma coisa para Deus, as pessoas veem a mim ou a meu Deus? O crédito está sendo atribuído à pessoa certa?
- *Canal:* será que Deus trabalha por meio de minha vida para alcançar outras pessoas? O fato de outras vidas não se transformarem com o exemplo da minha é uma boa indicação de que a imagem que estou formando é minha, e não a de Deus. Só quando somos sinceros, honestos, transparentes e vulneráveis é que Deus nos usa para mudar os outros.

Estou me impressionando demais com sinais e maravilhas?

Todos desejamos reavivamento espiritual. Contudo, mais que buscar esse avivamento, precisamos buscar o Senhor. Só então veremos curas e milagres. Mas se buscamos um reavivamento gratuito estamos interessados apenas nos resultados secundários. Lucas 10.17-20 fala sobre isso:

> Os setenta e dois voltaram muito alegres e disseram a Jesus: — Até os demônios nos obedeciam quando, pelo poder do nome do senhor, nós mandávamos que saíssem das pessoas! Jesus respondeu: — De fato, eu vi Satanás cair do céu como um raio. Escutem! Eu dei a vocês poder para pisar cobras e escorpiões e para, sem sofrer nenhum mal, vencer a força do inimigo. Porém não fiquem alegres porque os espíritos maus lhes obedecem, mas sim porque o nome de cada um de vocês está escrito no céu.

O negócio de Deus não é entretenimento. Quando ele opera milagres, é para apenas um propósito: a promoção do reino. Um pastor idoso e sábio disse, certa vez, a outro mais jovem: "Deus pode operar milagres pela instrumentalidade de qualquer pessoa. Se ele fez a jumenta de Balaão falar por milagre, não se ache o máximo se o Senhor decidir fazer o mesmo com você".

Quando Deus realiza uma grande obra por meio de você, como você se sente: fica mais humilde ou seu ego infla? A fascinação pela ação de Deus não pode nunca diminuir ou substituir seu desejo de viver em retidão de caráter.

Sirvo a Deus como um solitário?
Hebreus 10.23-25 nos exorta:

> Guardemos firmemente a esperança da fé que professamos, pois podemos confiar que Deus cumprirá as suas promessas. Pensemos uns nos outros a fim de ajudarmos todos a terem mais amor e a fazerem o bem. Não abandonemos, como alguns estão fazendo, o costume de assistir às nossas reuniões.

Pelo contrário, animemos uns aos outros e ainda mais agora que vocês veem que o dia está chegando.

Não é saudável servir a Deus como um *cavaleiro solitário*. Permita que sua família e seus amigos participem também. Compartilhar essa alegria com outros não é apenas mais divertido: fazer parte de uma equipe permite criar uma estrutura de responsabilidades.

Nunca me esquecerei da primeira vez em que ouvi o nome do reverendo Paul Y. Cho. De pé diante de mais de mil pastores, em Nova York, ele apresentou um de seus amigos, membro de sua equipe. Em seguida, olhou para a plateia e disse: "Trago meu amigo comigo porque me considero suscetível às tentações sexuais, e ele me ajuda a não cair". Todos ficaram parados e em silêncio, mas sabíamos o que ele queria dizer. Levava alguém consigo para manter-se livre de uma queda moral. O irmão de fé o fortalece.

Quando optamos por uma vida solitária, sem dúvida sofremos consequências desagradáveis. Desenvolvemos uma concepção distorcida a respeito de nós mesmos, de nossos ministérios e das outras pessoas. Ficamos incompletos e instáveis sem os outros membros do corpo de Cristo e seus dons espirituais. Nosso trabalho se torna irrelevante porque não vivemos em comunidade. A sensação é de isolamento e incapacidade de nos relacionarmos com o mundo real.

Estou atento a minhas fraquezas?

Estar atento é estar preparado. Talvez seja o caso de fazer uma pergunta ainda mais importante: "Estou sendo honesto ao tratar minhas fraquezas?". Muitos conhecem suas deficiências, mas tendem a escondê-las.

Pare por um momento e pense nas áreas de fraqueza que podem levá-lo a viver à margem da vida. Compreenda que essas são as mesmas áreas nas quais você será tentado. As oportunidades o tentam só porque massageiam seu ego? Você espera demais dos outros, ou espera pouco de você? Costuma se magoar com facilidade?

Além de ter um fraco por chocolate, tenho dificuldade de manter minha agenda dentro de limites humanamente plausíveis. Quando me permito ficar sobrecarregado, provoco um efeito negativo naqueles que me cercam. Vendo que essa é uma área de fraqueza pessoal, estabeleci parâmetros para me ajudar a manter as prioridades. Para começar, toda atividade externa precisa obedecer a alguns critérios. Em segundo lugar, estabeleci um comitê de três pessoas que supervisionam minha agenda. Lembre-se, porém, de que o primeiro passo na superação de uma fraqueza é admitir que há um problema a ser resolvido.

Tenho meu compromisso sempre em mente?

Se Deus vocaciona uma pessoa para assumir uma posição de liderança, essa questão é muito importante. Em 1Coríntios 7.24, Paulo afirma: "Irmãos, cada um deve continuar na presença de Deus assim como era quando Deus o chamou". Lembre do que Paulo disse quando compareceu diante do rei Agripa: "Eu não desobedeci à visão que veio do céu" (At 26.19). Paulo poderia ser tentado até desistir, mudar de opinião ou ceder à perseguição, mas o que o mantinha firme era a visão que possuía.

O mundo está o tempo todo oferecendo oportunidades que nos afastariam do chamado de Deus. Nada é pior do que um líder cristão que perde a unção sobre sua vida por permitir-se desviar do caminho. É a mais grave violação da confiança divina, pois, quando um líder cai, leva outros consigo.

Por várias vezes, Deus ajudou-me a resistir às tentações porque parei para pensar nos danos que causaria a outros se cedesse. Cresci numa igreja cujo pastor estava realizando uma grande obra para Deus, mas sofreu uma queda moral. Vinte anos depois, a igreja ainda sofre com as sequelas daquele problema.

Não há dúvida de que aquele homem recebeu o perdão de Deus, mas passará o resto da vida se perguntando o que mais poderia ter feito pelo reino se não caísse em tentação. É melhor não fazer do que fazer e se arrepender.

Certa vez, ouvi Cavett Roberts, um orador motivacional brilhante, dizer: "Se minha equipe me entende, ela me dá sua atenção. Se minha equipe confia em mim, ela me dá seu empenho". As pessoas reagem com maior rapidez e agilidade quando confiam no líder. Se Deus pode levar fé em você, outros também podem.

Faça acontecer
Princípios pessoais

- O padrão de vida do líder deve ser mais elevado que o de seus seguidores.
- A liderança não é uma posição que se recebe gratuitamente. Ela é conquistada quando a pessoa demonstra ser confiável.
- Uma pessoa íntegra é aquela que estabeleceu um sistema de valores que serve de referência para toda a vida.
- Autoridade sem responsabilidade é um perigo.
- Quando optamos por uma vida solitária, sem dúvida sofremos consequências desagradáveis.
- Quando um líder cai, leva outros consigo.

Os princípios na prática

Aplicarei os princípios contidos neste capítulo em meus relacionamentos pessoais das seguintes maneiras:

1. ....
....
....
....
....

2. ....
....
....
....

3.

7

Você pode ser fator de incentivo

Use suas habilidades para inspirar as pessoas a buscar excelência

A CHAVE PARA O ENCORAJAMENTO é saber o que torna as pessoas mais corajosas — o que as estimula a agir. Muita gente sente prazer em desencorajar os outros, apontando seus erros e comemorando seus fracassos, em vez de se concentrar nos pontos fortes e se alegrar com as possibilidades.

Neste capítulo, quero me concentrar de maneira especial nas relações profissionais. No ambiente de trabalho, administradores bem-sucedidos aprenderam o grande valor do encorajamento. É o maior princípio da gestão. Por quê? Porque o comportamento recompensado é o que prevalece. Você não consegue o que espera, o que pede, o que deseja ou o que implora, mas somente aquilo que consegue recompensar.

É fato que as pessoas passam a maior parte do tempo fazendo o que acreditam que mais as beneficiará. Se não veem nenhuma vantagem em fazer as coisas certas, partirão em busca de novos caminhos para a realização pessoal. Isso pode levar a um comportamento autodestrutivo. É simples oferecer incentivo, mas o efeito que pode exercer na vida da pessoa é grande.

Quando refletimos sobre o sucesso de uma organização, costumamos pensar em termos de dinheiro, estatísticas, fatos e diagramas. Mas dados e tabelas não são nada além de meros símbolos que representam o comportamento coletivo dos seres humanos. Recompense o comportamento ideal e chegará aos resultados ideais; deixe de recompensar e provavelmente fracassará.

As pessoas são incentivadas a continuar o comportamento que proporciona recompensas. Houve um verão no qual tentamos usar esse princípio com nossos filhos. Estabelecemos critérios segundo os quais eles ganhariam pontos que seriam trocados por dinheiro. As atividades positivas, como leitura da Bíblia, memorização de versículos ou limpeza do quarto, renderiam pontos, algumas mais do que outras.

Quando cheguei em casa certa noite, abri a porta da frente e Joe veio correndo até mim com a notícia de que, até então, havia conseguido 113 pontos. Ele não perguntou como eu estava, se meu dia havia sido bom, nem disse que estava feliz em me ver. A maneira como me recebeu mostrou que ele estava entusiasmado com seu sucesso.

O comportamento recompensado tende a permanecer. Esse conceito pode ser usado pela mãe em casa, pelo pastor na igreja ou pelo líder de uma organização. Pesquisas realizadas entre trabalhadores norte-americanos revelaram que eles não se dedicam totalmente ao que fazem — esforçam-se apenas 50% do que poderiam. Mesmo assim, a ética profissional consegue sobreviver.

Se os trabalhadores acreditam tanto no valor e na importância do trabalho, por que não dão o melhor de si? A resposta pode ser encontrada no sistema de remunerações. Eles estão recebedo os melhores incentivos? Creio que as pessoas deixam de se esforçar quando veem pouca ou nenhuma relação entre o que fazem e a recompensa que recebem.

Como recompensar

Uma vez, no Dia dos Pais, toda a cidade de San Diego resolveu ir ao mesmo restaurante. Embora tivéssemos uma reserva, havia uma fila inacreditável de gente à espera de lugar. Diante da mesa de atendimento, três recepcionistas estavam cercadas de gente mal-humorada, morrendo de fome.

Depois de observar a cena por alguns minutos, aproximei-me da mesa e disse: "Senhoras, tenho uma reserva, mas vejo que há muita gente aqui, pressionando. Estou acompanhado de um grupo muito grande hoje, mas queremos ajudar. Diga-me o que podemos fazer para facilitar seu trabalho. Preferem que dividamos o grupo e sentemos em mesas separadas?".

Uma recepcionista olhou para mim e, sorrindo, concordou que aquilo ajudaria. Então completei: "Não vou ficar aqui na mesa porque vocês já estão sofrendo muita pressão. Ficaremos ali ao lado, e quando precisarem de alguma coisa acenem e eu venho".

Toda vez que a recepcionista passava eu perguntava se estava tudo bem e se poderia ajudar em alguma coisa. Cerca de vinte minutos depois, já estávamos acomodados na mesa. Recompensamos a pessoa que nos ajudou. No fim da refeição, voltei a conversar com as recepcionistas e disse: "Sei o que vai acontecer. Seu gerente vai reclamar muito porque ouvi várias pessoas insatisfeitas".

Deixei com elas meu nome e telefone e orientei que dissessem ao gerente para me ligar se recebessem reclamações. Garanti a elas que, se ele ligasse, eu diria que tinham feito um ótimo trabalho. Elas sorriram e ficaram aliviadas. Foram recompensadas por um trabalho benfeito.

Quando compreendemos o princípio, devemos determinar que tipo de comportamento merece recompensa e incentivo. Procure soluções duradouras para os problemas. Remendos para quebrar o galho não duram. Recompense as pessoas e os programas de longo prazo que se revelam produtivos.

Numa conferência, perguntei à plateia o que significava o sucesso. Um sujeito disse: "Sucesso é algo durável". Ele resumiu bem. Pense no que funciona e dura muito tempo. Identifique os principais fatores que determinam o sucesso a longo prazo de sua equipe e mostre-os a ela.

Durante um evento em nossa igreja, Josh McDowell afirmou: "Quanto mais tempo permaneço no ministério e quanto mais viajo e vejo, tanto mais respeito e admiro as coisas que duram". É uma percepção maravilhosa. Prefira qualidade, não remendos.

Virtudes que merecem recompensa

Na qualidade de pastor, dirigindo uma equipe variada, eu procurava e recompensava várias qualidades entre meus colaboradores que acreditava serem muito importantes. Espero ver essas virtudes em todos, seja em pastores, seja em secretárias, zeladores ou quaisquer outros.

Demonstrar uma *atitude positiva* encabeça a lista. Não importa quanto a pessoa seja esperta ou talentosa, se sua atitude é negativa ela afetará a equipe toda. *Lealdade* à igreja, ao pastor e aos demais é outra virtude essencial. Os membros da equipe também eram recompensados por seu *crescimento pessoal*, pois, conforme se desenvolviam, o ministério que exerciam também ganhava. Cada membro da equipe pastoral deveria reproduzir sua capacidade de liderança por meio de outra pessoa, treinando-a.

A criatividade é outra qualidade que merece recompensa. Quero trabalhar com pessoas que possam fazer as perguntas certas, assim como descobrir as respostas e as soluções mais criativas.

Outro comportamento que encorajo é a ousadia, e não o medo de assumir riscos. "A segurança em primeiro lugar" pode ser o lema das massas, mas não a filosofia dos líderes. É impossível conquistar quando se tem medo de perder. Certa vez, perguntaram a Steve Jobs, cofundador da Apple, como administrava sua empresa, tão jovem e tão próspera. Ele respondeu: "Contratamos gente muito boa e criamos um ambiente no qual elas podem errar e crescer".

Os líderes precisam incentivar a *criatividade prática*, em vez da acomodação mental. O mais importante recurso de uma organização não são o prédio, o terreno ou outros patrimônios materiais: são as mentes criativas que estão dentro dela.

Um funcionário de uma empresa reclamava do modo como o colega trabalhava. Dizia que, quando o sujeito não estava passeando, podia ser visto em sua sala com os pés na mesa, olhando para a janela. Ele via o comportamento aparentemente acomodado do colega como uma perda de tempo e dinheiro para a empresa.

O gerente ficou sabendo de sua preocupação e disse: "A última ideia que ele teve rendeu 2 milhões de dólares para a empresa. Se ele aparecer com uma ideia dessas por ano, seu salário está mais do que justificado".

Veja bem, não estou defendendo a indolência, mas, às vezes, uma mente criativa é alvo de incompreensão e críticas. No entanto, se todos forem encorajados a desenvolver sua criatividade dentro de parâmetros razoáveis, a organização será beneficiada. O sucesso está nas mãos daqueles que oferecem soluções.

Passe a incentivar o que chamo "ação decisiva", e não a passividade das análises. Certo pastor queria encerrar determinado ministério de sua igreja, mas estava preocupado com um pequeno grupo de pessoas que desejava mantê-lo. Um amigo sugeriu: "Leve o assunto à diretoria. Com certeza, eles vão acabar com isso". O propósito de qualquer organização é gerar resultados, e isso exige ação, e não encontros e deliberações sem fim. Se as consultas necessárias já foram feitas e os relatórios estão prontos, é hora de decidir.

Um executivo resumiu de maneira maravilhosa a importância de ser decisivo: "Olhar é uma coisa. Discernir o que se vê é outra. Entender o que se discerne é uma terceira coisa. Aprender com aquilo que se entende é ainda outra coisa. Mas agir a partir daquilo que se aprendeu é o que realmente importa".

Encoraje sua equipe a trabalhar com mais inteligência, não necessariamente com mais suor. Se suas prioridades forem corretas — se estiver trabalhando com inteligência — os resultados virão. O sucesso não é determinado pela quantidade de horas trabalhadas, mas pela maneira como estão sendo utilizadas.

O comediante Woody Allen disse, certa vez, que aparecer corresponde a 80% da vida. Muitos funcionários se comportam como se parecer ocupados fosse 100% do trabalho. Lamentavelmente, a maioria das pessoas não é recompensada por cumprir metas específicas que contribuem para a produção dos resultados.

O segredo para trabalhar com mais inteligência é saber a diferença entre movimento e direção. Em última análise, os *resultados* é que importam, e não a presença ou a atividade.

Incentive a simplificação, em vez da complicação. Descubra e elimine o que for desnecessário. Cortar as gorduras aumenta a eficiência, que, por sua vez, aumenta a produção.

Aprenda a ignorar as peças que fazem barulho na estrutura da organização e incentive aqueles elementos que produzem com eficiência, mesmo que fiquem o tempo todo na deles. Há quem administre a partir do princípio da roda que range: quem faz mais barulho por mais tempo chama mais atenção. É preciso procurar e encorajar a pessoa que gera resultados sem estardalhaço. Os outros aprenderão rapidamente.

Pense em anatomia ao imaginar qualquer organização:

O *olho* vasculha alguém para fazer o trabalho.
A *boca* fala muito, mas produz pouco.
O *nariz* se torce quando outra pessoa apresenta algum resultado.
As *costas* é que carregam o piano, ou seja, fazem o trabalho.

Incentive e recompense o trabalho de qualidade, e não aquele que faz tudo muito rápido, mas é medíocre. A organização precisa se orgulhar do que faz, e o produto deve refletir a qualidade da organização. Há muito mais compensações para quem trabalha com qualidade, reduzindo custos, aumentando a produção e demonstrando orgulho do que faz. Você sabia que um carro produzido nos Estados Unidos tem seu custo de produção aumentado em 25% por causa de trabalhos mal executados, que precisam ser refeitos?

O carisma pessoal não deve substituir a regularidade no desempenho, que merece ser reconhecida e recompensada. Repito: procure pessoas responsáveis, nas quais se pode confiar a longo prazo. Há muita gente capaz de nos divertir, mas sem jamais produzir. Saiba a diferença e incentive as que produzem.

Reconheça e recompense aqueles que trabalham bem em equipe. Esse é o segredo da administração, pois nenhum de nós é tão bom quanto o time todo junto. Valorize o trabalho em equipe criativo.

As dez mais

Vamos refletir sobre as dez melhores maneiras de recompensar o trabalho benfeito. Quando recompensamos pessoas com algo que significa muito para elas, nós as incentivamos e valorizamos também.

- *Dinheiro:* o dinheiro fala alto. Ele mostra às pessoas como são valiosas para quem paga seu salário. Pague bem e terá bons líderes. Pague mal e só contratará quem o mercado dispensa. Já ouviu falar do empresário de moda que mandou fazer milhares de camisetas com a frase "Dinheiro não é tudo"? Foi à falência!

— Como posso demonstrar minha gratidão? — perguntou uma mulher ao advogado Clarence Darrow depois de ele a livrar de apuros com a justiça.

— Minha senhora — ele respondeu — desde que os fenícios inventaram o dinheiro, só existe uma resposta à sua pergunta.

- *Reconhecimento:* as pessoas precisam de afirmação contínua para que saibam que estão correspondendo às expectativas. Lawrence Peter diz que há dois tipos de egoísta: os que admitem que são e nós.

- *Folgas:* se alguém trabalhou por horas num projeto especial, ofereça uma tarde ou um dia inteiro de folga, lembrando de agradecer na saída.

- *Um quinhão da ação:* nem todos os trabalhadores recebem participação nos lucros da empresa, mas é possível repassar algumas responsabilidades como recompensa a um trabalho benfeito.

- *Trabalho favorito:* recompense o bom trabalho permitindo que o funcionário execute tarefas das quais goste. Descubra o que o agrada mais e faça isso.
- *Promoções:* permita que as pessoas que produzem mais progridam na organização. É um princípio bíblico que vemos exemplificado na parábola dos cinco talentos.
- *Liberdade:* dê autonomia a quem produz para que execute seu trabalho à vontade. Não o sufoque com a imposição de seu jeito de trabalhar.
- *Oportunidades de crescimento pessoal:* recompense sua equipe com a oportunidade de se desenvolver profissionalmente. Forneça livros e vídeos; subsidie a participação em conferências e cursos que potencializarão o trabalho dessas pessoas.
- *Tempo e atenção:* se você é líder, patrão ou pastor, reserve tempo para um bate-papo ou almoço, durante o qual poderá elogiar o trabalho da pessoa.
- *Presentes:* sua consideração em dedicar tempo para escolher um presente que signifique muito para o funcionário demonstra que você gosta de seu trabalho.

Dinheiro e reconhecimento são as duas recompensas mais poderosas. Quase todo mundo reage bem a elogios e aumentos de salário. No fim das contas, o encorajamento é a chave para ajudar outras pessoas a alcançar o sucesso. A capacidade de incentivar é (e sempre será) muito mais uma arte do que uma ciência. Seu sucesso depende tanto de sua sensibilidade quanto de sua habilidade.

Pense nesta analogia: as únicas coisas que um artista pode lhe dar são tela, pincéis, cavalete, paleta de cores e algumas lições. Produzir uma obra de arte é por sua conta. Você terá de saber como compor a imagem e misturar as cores para conseguir o efeito desejado. O mesmo acontece com as pessoas. Se você é líder, pode reunir um grupo de pessoas muito capacitadas, mas isso não basta para garantir o sucesso. É preciso saber como fortalecer os recursos de que elas dispõem e corrigir suas deficiências por meio da utilização inteligente de simples encorajamento.

Faça acontecer

Princípios pessoais

- Encorajamento é a chave para ajudar outras pessoas a alcançar o sucesso. A capacidade de incentivar é (e sempre será) muito mais uma arte do que uma ciência. Seu sucesso depende tanto de sua sensibilidade quanto de sua habilidade.
- A chave para o encorajamento é saber o que torna as pessoas mais corajosas — o que as estimula a agir.
- É fato que as pessoas passam a maior parte do tempo fazendo o que acreditam que mais as beneficiará.
- Recompense o comportamento ideal e chegará aos resultados ideais; deixe de recompensar e provavelmente fracassará.
- As pessoas deixam de se esforçar quando veem pouca ou nenhuma relação entre o que fazem e a recompensa que recebem.

Os princípios na prática

Aplicarei os princípios contidos neste capítulo em meus relacionamentos pessoais das seguintes maneiras:

1. ....
....
....
....

2. ....
....

3.

8

Como amar gente complicada

Compreenda e ajude pessoas de
temperamento difícil

Você já se deu conta da enorme vantagem que os sapos levam sobre os seres humanos? Eles podem comer qualquer inseto que os incomode! Não seria ótimo se pudéssemos devorar nossos problemas de relacionamento antes de eles nos consumirem? Quais são os *insetos* que mais o incomodam, no que diz respeito às pessoas? A falta de coerência? A inflexibilidade? A incapacidade de dar e receber? As que mais me incomodam são as que — adivinhou! — cultivam atitudes negativas. Posso lidar com discordâncias e diferenças de opinião, mas não tolero atitudes negativas.

Acho que, em seus relacionamentos, muitos cristãos sofrem com o problema da culpa. Eles costumam ser ensinados que devem ser cheios de graça. Mas o que isso significa? Será que Deus espera que vivamos em paz com *todo mundo*? Somos sempre os que devem fingir que não veem os erros e as idiossincrasias dos outros? Relacionamentos corretos com gente complicada podem parecer um ideal impossível. O que se espera de nós?

O apóstolo Paulo oferece este conselho prático: "No que depender de vocês, façam todo o possível para viver em paz com todas as pessoas" (Rm 12.18). Gostaria de parafrasear esse versículo: faça o melhor que puder para se relacionar bem com todo mundo. E saiba que, de vez em quando, terá de se relacionar com pessoas complicadas que podem estar aquém do ideal.

Agora mesmo imagine uma pessoa com quem você não mantém um bom relacionamento. Conforme segue na leitura, quero que volte a se lembrar dela. Acredito que encontrará no texto algumas características e soluções que o ajudarão a lidar com a situação de maneira criativa e a ser capaz de se sair muito bem.

Uma lista pessoal dos três "P" o ajudará a determinar a parte que lhe cabe numa relação ou associação complicada.

- *Perspectiva:* como vejo a mim mesmo? Como vejo os outros? Como os outros me veem? Nossa perspectiva determina até onde nossos relacionamentos chegarão.
- *Processo:* consigo compreender os estágios de um relacionamento? Percebo que há certas etapas num relacionamento mais cruciais que outras?
- *Problemas:* quando enfrento dificuldades num relacionamento, como lido com elas?

Mostre-me uma pessoa que se vê de maneira negativa, e eu lhe mostro uma pessoa que vê os outros da mesma maneira. O inverso também é verdadeiro. Quem se vê de forma positiva também olha para o que há de bom nos outros. É uma questão de perspectiva.

Algumas pessoas consideram o relacionamento uma série de incidentes isolados, e um episódio ruim pode acabar com tudo. As pessoas que pensam assim nunca se envolvem. Suas amizades são precárias, do tipo vaivém, e quando surge uma dificuldade se afastam. Essas pessoas raramente (ou nunca) desenvolvem relacionamentos duradouros.

Perspectiva e relacionamentos

Vamos começar analisando a perspectiva. Ajo de acordo com a maneira como me vejo. Na verdade, é impossível nos comportarmos de uma maneira que não condiz com a forma como nos vemos. É compreensível que esse seja o motivo de muitos problemas conjugais.

Certa vez atendi a um homem infeliz e sua esposa revoltada. Ouvi enquanto ela falava do marido, cheia de ressentimento e agressividade. Ao ser confrontada com seu espírito rancoroso e vingativo, ela apontou o dedo furiosamente para o homem e disse: "Não sou eu a azeda e nervosa, ele é quem é!". A mulher transferiu suas emoções negativas para o marido. Ela o via como enxergava a si mesma.

Somente quando nos vemos com clareza somos capazes de ver os outros da mesma maneira. Perspectiva é fundamental. É por isso que Jesus falava sobre o risco de julgar os outros: "Como é que você pode dizer ao seu irmão: 'Me deixe tirar esse cisco do seu olho', quando você está com uma trave no seu próprio olho? [...] Tire primeiro a trave que está no seu olho e então poderá ver bem para tirar o cisco que está no olho do seu irmão" (Mt 7.4-5). Ele está nos dizendo que devemos lidar com nossas próprias atitudes antes de criticar alguém.

Em Mateus 22.39 lemos a ordem de Jesus para que amemos os outros tanto quanto nos amamos. Ele sabia que, se amássemos de fato a nós mesmos, poderíamos amar o próximo também. Também sabia que, antes de amar de fato o próximo, precisaríamos amar a nós mesmos — não um amor egoísta, que só pensa em si, mas o reconhecimento de nosso valor em Cristo. Na maior parte do tempo, nossos problemas relacionais se originam do fato de que temos problemas ou questões pessoais mal resolvidas. Não é possível tratar o coração de outra pessoa sem descobrir primeiro a cura e aceitar o tratamento.

A história do bom samaritano, em Lucas 10.30-37, ilustra esse princípio. Os ladrões que espancaram o viajante usavam as pessoas. Eles roubaram o viajante e o viram como uma vítima a ser explorada. O sacerdote e o levita eram legalistas e antipáticos. Viram aquela vítima, toda machucada, como um problema a ser evitado, pois acreditavam que, caso tocassem num homem morto, se tornariam impuros, segundo a Lei.

O bom samaritano era de um grupo social marginalizado — desdenhado, ignorado e rejeitado pela sociedade. Sabia o que era desprezo, mas também passou por um processo de cura. Quando viu aquela vítima, foi capaz de se solidarizar. Olhou para ela como uma pessoa que precisava de amor, identificando-se com o problema do viajante e compartilhando a solução.

Há algum tempo, li um artigo interessante do orador e escritor Jacques Weisel sobre pessoas que ficaram milionárias com o próprio esforço. Uma centena de empreendedores foram entrevistados em busca de um denominador comum entre eles. As entrevistas revelaram que aquelas pessoas tão bem-sucedidas só viam coisas boas nas outras. Elas eram promotoras do desenvolvimento humano, e não críticas. Por isso repito: é a perspectiva que ajuda a estabelecer relacionamentos.

Quando alguém percebe que as pessoas tratam as outras de acordo com a visão que têm de si mesmas, e não como de fato são, é menos provável que seja afetado pelo comportamento delas. Sua autoimagem refletirá quem é, e não como é tratado pelos outros. Suas emoções não serão prejudicadas. Esse tipo de estabilidade exercerá um forte efeito sobre a maneira de conviver com as outras pessoas.

A chave para os relacionamentos bem-sucedidos tem a ver com responsabilidade. Sou responsável pelo modo como trato os outros. Posso não ser responsável pelo modo como me tratam, mas sou eu que respondo por minha reação diante das pessoas complicadas. Não posso escolher a forma como sou tratado, mas posso escolher minha reação.

Tipos de personalidade

Há vários tipos de pessoa complicada, e é útil saber identificar seus traços em comum para aprender a lidar com elas de maneira eficaz. Ao analisar esses traços, lembre-se de que pode escolher como reagir a elas. O efeito dos relacionamentos complicados (bons ou ruins) não é determinado pelo tratamento que se recebe, mas pela reação a ele.

Analisemos aquela personalidade do tipo *tanque de guerra*. Esse rótulo traz à mente a imagem de uma pessoa que passa por cima de tudo e todos que estiverem em seu caminho. Gente desse tipo tem a tendência de intimidar os outros por causa de sua atitude: usam a força e o poder. Seu comportamento é agressivo, às vezes até hostil. Por sua insensibilidade, o *tanque de guerra* não dá margem a diálogo. É difícil ponderar com gente assim.

Não perca a esperança: há uma estratégia para lidar com os *tanques de guerra* da vida. Em primeiro lugar, avalie a influência da pessoa e o assunto em questão. Até que ponto vale a pena brigar por aquilo? Quantas pessoas são influenciadas pelo *tanque*? Se o assunto pode gerar um efeito negativo entre as pessoas da organização, pode ser que valha a pena brigar.

Mas se for algo insignificante ou só uma questão de orgulho pessoal não compensa.

Contudo, quando surgirem problemas cruciais, é preciso confrontar. Sendo sincero: não há alternativas pacíficas quando se trata de pessoas assim. Seja objetivo, pois elas não entendem muito bem o que é diplomacia. Encare-as e discuta as questões específicas. Infelizmente, os *tanques de guerra* causam mais estragos emocionais do que outros tipos de gente complicada, pois não sofrem muito. Por isso, aguentam o próprio fel. Além disso, essas pessoas que usam poder para intimidar podem contar com muitos aliados.

Outra personalidade complicada com a qual estamos sempre em contato é a de *quem vive no mundo da lua*, em seu universo próprio, que não se entrosa. Essas pessoas costumam não reagir às técnicas normais de motivação. Fico bastante frustrado quando trabalho com gente assim. Aprendi que, ao falar ou lidar com um grupo grande, não posso me deixar influenciar muito pela reação de quem vive no mundo da lua. É bem provável que você chame as pessoas que têm esse comportamento "esquisitas".

Pense nestas diretrizes ao trabalhar com os que vivem no mundo da lua:

- Não avalie sua liderança pela reação delas. Na verdade, nem mesmo lhes pergunte a opinião a respeito de qualquer coisa, pois a resposta não fará sentido. Os que vivem no mundo da lua não são boas caixas de ressonância.
- Não é boa ideia ter uma pessoa assim ministrando a uma equipe. Quando é necessária a união de um grupo de pessoas para se alcançar um objetivo, aquele que vive no mundo da lua tem dificuldade para remar na mesma direção.

- Não o coloque numa posição de liderança. Ele não será capaz de determinar o ritmo dos demais.
- Não considere seu amigo que vive no mundo da lua um caso perdido. Tente descobrir seu traço mais singular e procure desenvolvê-lo. Várias pessoas assim são brilhantes e criativas. Têm muito a oferecer, se surgir a oportunidade apropriada. Elas trabalham melhor quando estão sozinhas; então descubra a área de interesse e ofereça-lhes espaço para sonhar e criar.

O *vulcão* é um tipo explosivo e imprevisível de pessoa que costuma ser muito arredia. Como tratá-la? Chegando de mansinho, na base de rodeios, ou testando para saber como está o humor dessas pessoas? É difícil se sentir à vontade quando se está perto delas, pois nunca se sabe quando estão para explodir. Assim como o que vive no mundo da lua gera frustração, o *vulcão* provoca tensão. Quem tem de trabalhar com esse tipo de pessoa nunca relaxa, pois não tem como prever a próxima explosão.

Como lidar com os *vulcões* quando *entram em erupção*? O segredo é manter a calma. Puxe a pessoa de lado e continue calmo. Ela não precisa de plateia, e a melhor coisa a fazer é não perder a tranquilidade. Depois disso, permita que solte toda a fumaça que quiser, e por quanto tempo desejar, desabafando tudo. Não tente interromper, pois ela não ouvirá o que você tem a dizer.

Para evitar que o assunto divague, talvez seja necessário fazer algumas perguntas ou pedir à pessoa que repita alguns detalhes. Minimize os exageros e esclareça qualquer boato que tenha surgido no meio da conversa. Assim, você lidará com os fatos, e não com as emoções. Em seguida, dê uma resposta suave e transparente sobre a situação. Por fim, leve essa pessoa a compreender a responsabilidade que tem sobre as coisas que diz e as pessoas que magoa.

Outro caso de personalidade complicada é o *melindroso*. Os melindrosos tendem a se ofender sem mais nem menos. São cheios de autopiedade e tentam comover os outros para que se compadeçam deles. Esse jeito de agir é um mecanismo de manipulação. Se as coisas não estão funcionando como eles querem, os melindrosos podem criar um ambiente pesado, opressivo. São muito habilidosos nisso. Costumam usar o silêncio para conseguir o que desejam.

Aqui está a estratégia para lidar com pessoas desse tipo. Primeiramente, alerte o melindroso do fato de que melancolia é uma questão de escolha. Isso é fundamental. Muitas pessoas usam a melancolia para manipular os outros e assumir o controle. Raramente são melancólicas quando estão sozinhas. Ensine-as que são responsáveis pela atmosfera que criaram, especialmente se estão numa posição de liderança.

Todo mundo tem problemas, por isso o melindroso não tem direito de achar que suas queixas são maiores que as demais. Como pastor, sentia-me responsável pela criação de um ambiente positivo entre os muitos voluntários que trabalhavam na igreja, incentivando, motivando e sendo positivo com todos. Se você escolhe a liderança, então também precisa optar por uma postura pacífica.

Às vezes é útil mostrar aos melindrosos pessoas que enfrentam problemas de verdade. Talvez isso os ajude a ver a si mesmos de uma maneira diferente e, com isso, assumam uma atitude positiva e sejam mais agradecidos. Conheci um homem que se melindrava à toa, sempre se lamentando porque seu trabalho não era valorizado. Era zelador da igreja, e muito cuidadoso em seu serviço. O templo estava sempre limpo, e o chão brilhando.

Lamentavelmente, tanto zelo tornou-se mais importante do que devia. O homem ficava aflito quando as crianças e os adultos andavam no chão bem polido, jogavam papéis no gramado e derramavam água em volta das pias. Ele concentrou sua atenção em si e em sua igreja limpa, e perdeu a visão mais ampla. Quem ia ao templo para aprender as coisas de Deus deveria ser mais importante.

Para ajudá-lo a restabelecer suas prioridades, levei-o ao centro de tratamento do câncer do hospital local. Falei que aquelas pessoas estavam tão doentes que talvez nunca pudessem ir à igreja, e muitas delas provavelmente morreriam sem conhecer Jesus. Minha aula intensiva funcionou: na semana seguinte, a atitude daquele homem já demonstrava uma mudança notável. Ele começou a parar de sentir pena de si mesmo e ficou mais feliz por compartilhar o evangelho.

É importante nunca dedicar atenção demais a pessoas melancólicas ou recompensá-las. Quando lhes é dada a oportunidade de demonstrar atitudes negativas publicamente, elas sentem que chamaram atenção. O melhor método para atacar essa postura é elogiando as ideias e ações afirmativas dos melindrosos e ignorando-lhes as sessões de autopiedade.

Melindrosos estão sujeitos a variações de ânimo. São negativos apenas parte do tempo. Os *demancha-prazeres*, por sua vez, estão *para baixo* o tempo todo. São aquelas figuras clássicas que acham tudo impossível e sempre encontram um problema em toda solução. Sofrem da temível doença da *desculpite*: descobrir problemas para arranjar uma desculpa.

O mais difícil quando se trabalha com alguém assim é que ele geralmente não assume a responsabilidade por sua atitude negativa e seu comportamento. Ou diz: "a culpa é do outro" ou "meu jeito é esse mesmo" — uma maneira de colocar a culpa em Deus, no fim das contas.

Não reforce o comportamento dos desmancha-prazeres oferecendo espaço para as desculpas que apresenta. Com amor, mas com firmeza, demonstre confiança nele, explicando-lhe que atitudes negativas complicam tudo. Diga-lhe que ele precisa arriscar-se a ser mais positivo e responsável. Se decidir pela mudança de comportamento, será mais alegre. Se resolver ficar como está, porém, a melhor coisa a fazer é afastar-se dele.

O *colecionador de lixo* aprofunda-se na negatividade mais do que o melindroso e o desmancha-prazeres. Pessoas assim desistiram da liderança de sua vida e se renderam às emoções negativas. Elas adoram contar e repisar as ofensas que sofreram nas mãos dos outros. Afagam as próprias feridas e não fazem questão de curar o espírito doente. Resumindo: são horríveis! O fato de haver coisas negativas na vida já é ruim, mas colecioná-las e andar por aí lamuriando-se para que todos vejam é doentio.

Como agir com esse tipo de personalidade? Em primeiro lugar, questione o motivo de essas pessoas tentarem representar outras. Nunca permito que alguém me diga: "Há muitos outros que também se sentem assim". Não dou ouvidos a isso, a não ser que apresentem nomes. Essa justificativa levanta um bocado do cheiro do lixo, pois geralmente se resume a uma ou duas pessoas que se identificam com essa atitude também.

Desafio as declarações que me apresentam mostrando que são exageradas. Se criam uma situação muito complicada, pode ser necessário destruir sua credibilidade expondo-os a um grupo de decisão. Pode ser a diretoria de uma organização ou uma equipe de trabalho.

O *aproveitador* é a pessoa que manipula as outras para proveito próprio. Aproveitadores evitam a responsabilidade, mas demandam tempo e energia de outros para que possam sair beneficiados nas situações em que se envolvem. Costumam usar a culpa para conseguir o que desejam. Usam uma fachada de coitadinhos para que as pessoas se sintam em falta com eles e os ajudem.

O que fazer diante de um aproveitador? Comece determinando de antemão os limites aos quais você se dispõe a chegar para ajudá-lo. Senão, ele aciona o mecanismo da culpa dentro de você para enfraquecê-lo. Lembre-se de que esse tipo de pessoa não se satisfaz quando você anda a segunda ou a terceira milha — se lhes permitir, elas o levarão até o fim do mundo.

Exija responsabilidade por parte do aproveitador. Mesmo que se sinta disposto a ajudá-lo, certifique-se de que ele fique com alguma parte do trabalho. Caso contrário, você acaba levando o peso todo nas costas, enquanto o aproveitador segue seu caminho sem dificuldade, provavelmente procurando outra alma ingênua. Por último, não se sinta em dívida com aproveitadores nem culpado por isso. Na maioria das vezes, um simples e firme "não" é o melhor remédio.

Talvez você tenha reconhecido alguém em cada um desses tipos. Ou então está lidando com uma pessoa tão complicada que ela se encaixa em mais de um. Confie em sua sensibilidade. Há algumas regras gerais que você pode colocar em prática e que o ajudarão a trabalhar de maneira mais eficaz com pessoas problemáticas.

- Ame essas pessoas incondicionalmente.
- Peça a Deus sabedoria para trabalhar com elas.
- Mantenha-se emocionalmente saudável.

- Não coloque essas pessoas em posições de liderança com o objetivo de ajudá-las.
- Seja honesto com Deus, consigo e com elas.

O processo dos relacionamentos

É importante compreender o processo dos relacionamentos e, em especial, as etapas de um colapso relacional. Vejamos um por um.

- *A etapa da lua de mel* é o ponto de partida. Nesse estágio, costumamos ter uma visão irreal do relacionamento. Obviamente, o que nos atrai nas pessoas — seja por motivos profissionais ou pessoais, seja pela paixão, são as virtudes. O entusiasmo de encontrar alguém que supre alguma necessidade de nossa vida tende a nos cegar por algum tempo, e assim não enxergamos os pontos negativos.
- *Irritação específica* é a etapa na qual começamos a abrir os olhos e enxergar coisas que não nos agradam. A essa altura, criamos um arquivo mental onde guardamos esses traços específicos. Também passamos a ver o relacionamento de uma maneira mais realista. Se você olhar para trás e se lembrar das primeiras semanas do casamento ou do emprego atual, é provável que recorde o primeiro episódio que o abalou e o *fez cair na real* — o momento em que percebeu que a lua de mel havia chegado ao fim.
- *Desconforto geral* pode nos levar a lidar com as irritações específicas que se acumularam no arquivo mental. Nós nos tornamos mais abertos, honestos e transparentes na hora de dizer a outra pessoa por que ela está nos incomodando.
- *Esforço maior* é o estágio de desenvolvimento em que usamos maior energia para fazer do relacionamento um sucesso.

Infelizmente, às vezes é muito difícil separar o problema da pessoa.

- *Exaustão* geralmente se torna um problema sério no relacionamento porque estamos cansados demais para insistir. Nesse momento, a tendência é levantar as mãos e se render.
- *Separação* é a última etapa. O relacionamento terminou e há poucas chances de restaurá-lo. Quando isso acontece, costumamos estar muito enfraquecidos para nos importar ou sofrer.

Essa série de etapas não precisa ser completada. O ciclo pode ser quebrado. O processo é revertido com maior frequência no estágio do desconforto geral. Nesse ponto, ainda é possível tomar a decisão de aceitar aquilo de que não se gosta numa pessoa e amá-la incondicionalmente. Ao tentar ao máximo deixar para lá os erros dessa pessoa, fica mais fácil voltar a concentrar a atenção nos traços positivos que ela possui.

Problemas nos relacionamentos

Na maioria dos relacionamentos é inevitável que surjam confrontos a certa altura. Nesses momentos de crise, é muito importante manter a atitude certa na hora de abordar a pessoa que causou uma ofensa. Se o confronto for conduzido corretamente, pode até fortalecer o relacionamento. Caso contrário, pode provocar um fim abrupto e infeliz. Para que isso não aconteça, siga estas sete diretrizes:

- *Reúna as principais pessoas envolvidas no conflito:* a experiência ensinou-me que, a não ser que todos os envolvidos estejam juntos, ninguém conseguirá entender a história completa.
- *Ponha os fatos na mesa:* confiar em boatos ou impressões só serve para alimentar réplicas irracionais e, possivelmente, contra-ataques ressentidos.

- *Nunca repreenda enquanto estiver zangado:* certifique-se de que tem suas emoções sob controle. Quanto mais zangado ficar, menos objetiva e menos eficaz será sua repreensão. É prudente protelar o confronto até que se sinta calmo para fazer duas perguntas a si mesmo: "Será que contribuí para o problema?"; "Será que estou desprezando alguma circunstância atenuante?".
- *Seja bem preciso a respeito da ofensa:* faça a pessoa saber exatamente de que está sendo acusada. Não tente aliviar usando artifícios como pigarrear, hesitar ou recusar-se a falar tudo o que tem a dizer.
- *Ouça a versão da outra pessoa:* sempre dê a quem ofende a chance de explicar o que aconteceu e por que agiu daquela forma. Pode haver circunstâncias atenuantes. (Às vezes, você mesmo pode ser uma delas).
- *Certifique-se de que dispõe de documentação extensa:* quanto mais documentos você apresentar — como o erro aconteceu, quando foi, quem estava envolvido etc. — mais equilibrada e produtiva será a repreensão.
- *Não alimente rancor:* uma vez feita a repreensão e definidas as sanções, não hostilize a outra pessoa. Mostre que você considera o problema resolvido e aja de acordo.

Num espisódio da série *Amos and Andy*, um sucesso da TV norte-americana, Andy dava tapas no peito do companheiro, até que, a certa altura, Amos conclui que já havia aguentado tempo demais e decide dar uma lição no parceiro de uma vez por todas. Ele mostra alguns explosivos amarrados ao peito, embaixo do paletó, e diz, orgulhoso: "Da próxima vez que o Andy me bater no peito, a mão dele será arrancada".

O coitado do Amos não pensou nas consequências de sua retaliação. Não compensa guardar ressentimentos até o ponto de explodir. Isso causa mais prejuízo ao ressentido do que à pessoa que causou a ofensa.

Nosso objetivo final quando lidamos com problemas deve ser trazer à tona a verdade de tal forma que o relacionamento se fortaleça, e não se destrua. É lamentável, mas isso nem sempre acontece. Se uma relação não resiste a um encontro face a face, então é provável que não seja saudável. Em alguns casos, o fim do relacionamento pode ser a única solução, mas essa deve ser a última alternativa

Faça acontecer

Princípios pessoais

- Mostre-me uma pessoa que se vê de maneira negativa, e eu lhe mostro uma pessoa que vê os outros da mesma maneira.
- Na maior parte do tempo, nossos problemas relacionais se originam do fato de que temos problemas ou questões pessoais mal resolvidas. Não é possível tratar o coração de outra pessoa sem descobrir primeiro a cura e aceitar o tratamento.
- Quando alguém percebe que as pessoas tratam as outras de acordo com a visão que têm a respeito de si mesmas, e não como de fato são, é menos provável que seja afetado pelo comportamento delas.
- A chave para os relacionamentos bem-sucedidos é a responsabilidade. Sou responsável pelo modo como trato os outros. Posso não ser responsável pelo modo como me tratam, mas sou eu que respondo por minha reação diante das pessoas complicadas. Não posso escolher a forma como sou tratado, mas posso escolher minha reação.

Os princípios na prática

Aplicarei os princípios contidos neste capítulo em meus relacionamentos pessoais das seguintes maneiras:

1. ....
....
....
....

2.

3.

9

Como lidar com as críticas

Transforme confrontações em
oportunidades de crescimento pessoal

A capacidade de criticar pode ser algo muito bom ou muito ruim. Ninguém é indiferente às críticas, que levam as pessoas a reagir de maneira positiva ou negativa. Certa vez, conversei com uma mulher cujo marido estava traumatizado por críticas destrutivas. Ele ficara amargo, e sua personalidade e perspectiva de vida mudaram para pior.

Aprender a lidar com as críticas foi uma das lições mais difíceis para mim. Cresci numa igreja em que o sinal mais evidente do sucesso era a unanimidade na escolha do pastor. Na conferência anual, o tema de discussão mais acalorada era o voto em várias igrejas. E que os céus protegessem o pastor que recebesse votos negativos!

Parecia que se dava pouca importância ao fato de a igreja crescer ou não, assim como ao relacionamento das pessoas com Cristo. Se o pastor recebesse a unanimidade dos votos, aquele era o ponto alto de sua carreira e um sinal de grande estima por ele. Também significava que a igreja estava na mesma sintonia espiritual.

Foi com esse histórico que assumi meu primeiro pastorado em Hillham. Indiana. No fim do primeiro ano, tínhamos 33 membros. Foram 31 votos a favor, um contra e uma abstenção. Fiquei em pânico. Na mesma hora, liguei para meu pai e perguntei se eu deveria recusar a igreja. Ele não sabia por que eu estava tão perturbado e riu muito. Mal sabia eu que aquela seria a melhor votação que eu teria em toda a minha carreira de pastor.

Saber que havia apenas uma pessoa, no máximo duas, que não gostava do que eu estava fazendo foi muito difícil para mim. Desde então, aprendi que, se desejamos fazer coisas grandes para Deus, há sempre alguém que não quer participar.

Uma abordagem positiva

Ouvi a história de um barbeiro muito crítico e negativo que nunca tinha nada agradável para dizer. Um vendedor chegou à barbearia para cortar o cabelo e mencionou que estava prestes a fazer uma viagem a Roma.

— Em que companhia aérea você voará, e em que hotel se hospedará? — perguntou o barbeiro.

Quando o vendedor falou, o barbeiro criticou a companhia aérea por ser pouco confiável e o hotel por oferecer um serviço horrível.

— É melhor ficar em casa — aconselhou.

— Mas eu tenho de fechar um grande negócio. Depois, pretendo ver o papa — explicou o vendedor.

— Você se desapontará se tentar fazer negócios na Itália — disse o barbeiro — e não conte com a visita ao papa. Só há audiências com pessoas muito importantes.

Dois meses depois, o vendedor voltou à barbearia.

— E como foi sua viagem? — quis saber o barbeiro.

— Foi maravilhosa! O voo foi perfeito, o serviço do hotel foi excelente. Fechei um ótimo negócio e ainda vi o papa.

— Você conseguiu ver o papa? Como foi isso?
— Inclinei-me e beijei-lhe o anel — contou o vendedor.
— É mesmo? E o que ele disse?
— Bem, ele colocou sua mão sobre minha cabeça e falou: "Meu filho, onde foi que você cortou tão mal esse cabelo?".

Há um ditado que diz: "Tudo o que sobe desce". Essa é uma verdade no que se refere às atitudes. Se você é uma pessoa crítica, negativa, a vida o tratará mal. Mas se você tem postura e perspectiva positivas, será recompensado com a mesma alegria que compartilha.

Existem dois tipos de pessoa altamente sujeitas à crítica. O primeiro grupo é formado pelos *líderes*. Aristóteles disse com propriedade: "A crítica é algo que você evita com facilidade quando nada diz, nada faz e nada é". Sim, um dos preços da liderança é a crítica. Se seu desejo é manter-se afastado da multidão, está assumindo uma posição vulnerável e pode contar com algum tipo de julgamento.

Certa vez, depois de falar sobre atitudes negativas numa conferência, recebi um bilhete que guardei: "Tenha em mente que as pessoas que criticam subestimarão aquelas cuja iniciativa se destacará em relação aos que criticam e subestimam". É isso que um líder faz: ele se destaca. Quando você se dispõe a arriscar o pescoço, tem sempre alguém a fim de cortá-lo.

Não permita que essas ameaças o desviem do desejo de ser tudo de que é capaz. Sobressaia como Adolph Rupp, ex--treinador do time de basquete da Universidade de Kentucky.

Ao longo da carreira, ele teve de lutar contra aqueles que criticavam seus métodos. Muitos discordavam de Rupp (ele era complicado e muito metódico), mas é difícil enfrentar o predador quando se está encurralado. No fim de sua carreira, ele contabilizava 874 vitórias e era o treinador mais vitorioso na história do basquete universitário.

Além dos líderes, outro grupo de pessoas sujeitas a críticas são os *saltadores*, que saltam aos olhos por serem agentes de transformação. Eles geram mudanças indesejáveis e desagradáveis na vida das pessoas, embora o façam, geralmente, para benefício delas. Há muitos anos, a comunidade médica se opôs com firmeza à ideia de vacinar crianças contra as doenças por ser um procedimento novo e desconhecido. Quem faz descobertas e inventa coisas percebe que leva tempo para que suas ideias sejam aceitas porque as pessoas temem mudanças.

Nos últimos anos de vida de John Wesley, ele fez amizade com William Wilberforce, o grande defensor do fim da escravidão antes da Guerra Civil norte-americana. Ele era vítima de uma campanha difamatória patrocinada por proprietários de escravos e outras pessoas cujos interesses comerciais poderosos estavam ameaçados. Havia rumores de que ele agredia a esposa. Seu caráter, sua moral e suas motivações foram denigridos durante cerca de vinte anos de batalhas.

Perto da morte, John Wesley escreveu a Wilberforce:

> A não ser que Deus o tenha levantado exatamente para isso, você enfrentará a oposição de homens e demônios; mas se Deus é por você quem será contra? Seriam eles, todos juntos, mais fortes que o Senhor? Não se canse de fazer o bem.

William Wilberforce nunca esqueceu aquelas palavras de John Wesley. Elas o ajudaram a continuar firme, mesmo quando todas as forças do inferno se organizavam contra ele.

A pergunta para os líderes e os saltadores não é: "Será que vou enfrentar críticas?". A questão é: "Como posso lidar com críticas e confrontações e aprender alguma coisa?". É possível aprender como receber bem a crítica, e as dez sugestões a seguir podem ajudá-lo.

Dez dicas para receber críticas

Compreenda a diferença entre a crítica construtiva e a destrutiva

É preciso aprender a interpretar a crítica. Ela é positiva e proporciona crescimento, ou é negativa e demolidora? Alguém já disse que a crítica construtiva é quando critico alguém, e a destrutiva é quando me criticam.

Para determinar o motivo por trás da confrontação, faça a si mesmo algumas perguntas. Em primeiro lugar, com que espírito a crítica foi feita? Veja além das palavras e identifique a motivação. A crítica reflete uma atitude gentil ou um tipo de julgamento? Se a atitude de seu crítico é gentil, descanse com a certeza de que a crítica foi feita com intenção construtiva.

Segundo: quando a crítica foi feita? Períodos de confrontação devem ser enfrentados em privacidade, e não diante de todos. Se uma pessoa faz crítica pública a outra, tenha certeza de que a intenção não é a melhor. Ela está disposta a destruir, e não a construir.

A terceira pergunta é: qual o motivo dessa crítica? Essa questão tem a ver com a atitude do crítico. A crítica é para benefício e crescimento pessoal ou só foi feita para magoar? Às vezes, quem passa por dificuldades e problemas lidará com os outros de maneira negativa e crítica.

Não se leve muito a sério

Se você pode desenvolver a capacidade de rir de si mesmo, viverá muito mais tranquilo quando tiver de fazer ou receber críticas. Sejamos francos: todos nós fazemos coisas estúpidas e bobas. Abençoado é aquele que pode se divertir com as bobagens que faz. Somos aprovados por Deus; não temos de conquistar a aprovação de ninguém, nem somos obrigados a agradar seja quem for. Não somos perfeitos. Muitos de nós que se levam muito a sério não fazem o mesmo em relação a Deus.

A vida no St. Bashan era uma tira de quadrinhos protagonizada por um pastor que foi obrigado a aprender a lidar com as críticas. Um membro da igreja aproximou-se dele depois do culto e disse:

— Reverendo, quero que saiba que esse não foi um de seus melhores sermões.

Com o coração aberto, o pastor respondeu:

— Bill, agradeço por sua crítica construtiva.

No quadrinho seguinte, o pastor entra no gabinete, tranca a porta, ajoelha-se e chora.

Já fizemos isso, não? Externamente, aparentamos gostar das palavras, mas quando estamos sozinhos ficamos arrasados, nervosos, vingativos ou muito magoados.

Olhe além da crítica e entenda o crítico

Quando alguém me procura com notícias sobre outras pessoas, interesso-me mais pela pessoa que veio falar do que por aquilo que ela diz. Na verdade, essa é uma de minhas primeiras perguntas: "Quem disse? Quem lhe contou?". Quando descubro quem é o autor da queixa, sei se devo ou não dar ouvidos. Posso prestar atenção e levar a pessoa a sério ou pensar comigo mesmo: "Mais um...".

Tenha em mente certas coisas sobre seu crítico: em primeiro lugar, é alguém cujo caráter você respeita? Críticas adversas de um homem sábio são mais desejáveis do que a aprovação entusiástica de um tolo. Segundo: essa pessoa é crítica o tempo todo? Isso representa um padrão? Se a resposta for positiva, não valorize demais o que ela diz. Talvez seja uma forma de chamar atenção. As críticas de uma pessoa positiva, por sua vez, provavelmente merecem ser ouvidas.

Há uma história sobre um rapaz de 12 anos que jamais falara. Depois de colocarem mingau de aveia em seu prato várias vezes seguidas no café da manhã, um milagre aconteceu:

— Ai, detesto mingau! — ele disse.

A mãe do garoto ficou espantada. Correu até ele e o abraçou.

— Durante doze longos anos eu e seu pai estávamos convencidos de que você não podia falar — ela disse, corando. — Por que você nunca falou conosco?

O rapaz explicou:

— Até agora, tudo estava muito bom.

Não tenho certeza de que ela tenha continuado a servir mingau de aveia para ele continuar reclamando, mas o rapaz sabia o que fazer para ser ouvido.

Por fim, pergunte a si mesmo: o crítico queria ajudar de verdade? Está no mesmo time, acreditando no que você tem de melhor, disposto a encorajar? Lembre-se de que as pessoas ocupadas com o remo dificilmente terão tempo para perturbar.

Preste atenção na atitude que tomará em relação à crítica

Uma atitude negativa pode ser mais destrutiva do que a própria crítica. Um lembrete: o desafio é maior para quem desanima. Herman Hickman, grande treinador de futebol americano do Tennessee, do exército e de Yale, afirmou: "Quando se estiver farto da vida na cidade, vá para o início do engarrafamento e faça de conta que está liderando um desfile".

O livro de 1Pedro 2.21-23 apresenta a atitude certa em relação às críticas:

> Pois foi para isso que ele os chamou. O próprio Cristo sofreu por vocês e deixou o exemplo, para que sigam os seus passos. Ele não cometeu nenhum pecado, e nunca disse uma só mentira. Quando foi insultado, não respondeu com insultos. Quando sofreu, não ameaçou, mas pôs a sua esperança em Deus, o justo Juiz.

Será que uma atitude ruim pode revelar o fato de que confiamos em nossos próprios esforços, e não em Deus, que conhece a situação como um todo? Se confiamos nele e somos obedientes, podemos esperar algumas críticas. O Senhor costuma nos chamar para assumir posições não muito populares. Também ordenou que amássemos nossos críticos.

Entenda que as pessoas boas também são alvo de críticas

Jesus, que tinha um caráter irreprovável e cujos motivos eram puros, foi chamado "comilão" (Mt 11.19), "beberrão" (Lc 7.34), "samaritano" (Jo 8.48) e amigo dos pecadores (Mt 11.19; Mc 2.16). Se nossa vida se assemelha ao modelo de Cristo, podemos esperar críticas. Na verdade, há momentos em que deveríamos encarar a crítica do mundo como sinal de que nossa vida foi transformada. Uma pessoa de mente poluída e visão limitada não pode compreender ou interpretar o comportamento baseado na obediência a Deus. Assim, se você vive num plano superior à mediocridade, pode contar com críticas.

Mantenha-se em forma física e espiritual

A exaustão física influencia muito a maneira pela qual agimos ou reagimos. Ela distorce nossa forma de ver e lidar com a vida. Há algum tempo, eu e Margaret voltávamos de uma longa viagem. Depois de muitas horas de voo e conexões nos aeroportos, estávamos fisicamente esgotados. Percebendo que qualquer tentantiva de comunicação resultaria em discussão, Margaret propôs que mergulhássemos em algum livro. Desde o momento em que o avião aterrissou em San Diego, não estávamos lá muito bem, mas continuávamos amigos. É um fato simples da vida: nossa mente e nosso corpo exigiam descanso.

Elias sucumbiu à oposição quando estava fatigado. Jezebel era terrível, e sua oposição consumiu as forças do pregador. Elias reclamou: "Já chega, ó SENHOR Deus! Acaba agora com a minha vida! Eu sou um fracasso, como foram os meus antepassados" (lRs 19.4). Elias estava completamente abalado. Tome cuidado com a fadiga, pois Satanás tentará se aproveitar. Quando nos cansamos demais, ficamos muito críticos e, ao mesmo tempo, menos capazes de lidar com as críticas que recebemos.

Não olhe apenas a crítica: veja se ela repercutiu

A história a seguir ilustra esse tópico. A sra. Jones convidou um violinista famoso para tocar no chá noturno que ofereceu. Quando ele acabou de se apresentar, todos o cercaram.

— Tenho de ser honesto com você — disse um dos convidados — achei seu desempenho terrível.

Ao ouvir aquela crítica, a anfitriã interviu:

— Não preste atenção nele. Não sabe do que está falando. Apenas repete o que todo mundo diz.

Minha sugestão é para que você expanda sua visão. Vá além do crítico e veja se houve repercussão. Pense na possibilidade de a crítica vir de muitas outras pessoas. Se for o caso, e se elas forem confiáveis, você precisa encarar o fato de que tem o desafio de melhorar. Mas se estiver lidando com um grupo de pessoas negativas seu desafio é não se deixar influenciar.

George Bernard Shaw, dramaturgo irlandês, certamente tinha críticos, mas sabia como lidar com eles. Certa vez, depois de uma estreia, um crítico verbalizou seu desprazer. Ele disse:

— É podre! Podre!

Ao que Shaw respondeu:

— Concordo com você, só que somos apenas nós dois contra tanta gente!

Espere pela hora certa de provar que estão errados

O tempo é seu melhor aliado. Ele permite que você prove que está certo. Geralmente, conforme as coisas vão acontecendo, o motivo da crítica é eliminado e você se redime. Você pode até pensar: "Ah, é fácil para você falar, Maxwell, pois não está no meu lugar". Mas já estive, e muitas vezes. Se sabe que sua ação ou decisão era a coisa certa a fazer, fique firme. O tempo provará.

Abraham Lincoln, o mais amado presidente dos Estados Unidos, também foi o mais criticado. É possível que nenhum outro político da história norte-americana tenha ouvido tanta coisa ruim a seu respeito. Veja como o jornal *Chicago Times* avaliou, em 1865, o discurso de Lincoln em Gettysburg, no dia seguinte: "A face de todos os americanos deve formigar de vergonha ao ler as declarações tolas, rasas e sem sentido de um homem apresentado a estrangeiros inteligentes como presidente dos Estados Unidos". O tempo, é claro, provou que aquela crítica mordaz estava errada.

Esteja com pessoas positivas

Passe o tempo livre com pessoas que levantem seu ânimo. Dedicar tempo à gente positiva minimizará o efeito das críticas negativas. Também servirá para desencorajá-lo a se tornar igualmente crítico. Quando um falcão é atacado por corvos, ele não contra-ataca. Em vez disso, voa cada vez mais alto em círculos até que seus inimigos o deixem em paz.

Em vez de brigar com seus adversários, voe acima deles. Se sua atitude positiva tiver algum efeito nas pessoas negativas, será por causa de seu exemplo, e não por sua postura defensiva. Portanto, voe alto. É mesmo difícil voar tão alto quanto uma águia quando a pessoa se identifica com uma galinha.

Concentre-se em sua missão: corrigir os erros

A maior parte das pessoas faz justamente o contrário: muda a missão e se concentra nos erros. Se você desiste toda vez que erra, nunca realizará nada. Viverá frustrado e derrotado. Os únicos erros de verdade na vida são aqueles dos quais não se tira nenhuma lição.

Portanto, em vez de insistir neles, conforme-se, procure aprender e continue até cumprir toda a tarefa. Há um provérbio árabe que diz: "Se você parar toda vez que um cão ladrar, sua estrada nunca terá fim". Não permita que seus erros se tornem obstáculos. Transforme-os em guias para a estrada.

Para estabelecer relacionamentos fortes é preciso saber como receber as críticas com graça, mas também há momentos em que você precisa ser o crítico. É possível confrontar sem destruir um relacionamento. Mas seja cauteloso, pois a confrontação desprovida de amor pode ser devastadora. Antes de entrar em confrontação, avalie como está sua situação nas áreas a seguir.

Dez dicas para fazer críticas

Confirme sua motivação

O objetivo da confrontação deve ser ajudar, não humilhar. Três perguntas podem ajudar a expor seus verdadeiros motivos. Comece se questionando: "Será que eu faria a mesma crítica se não houvesse nenhuma questão pessoal?". De vez em quando, reagimos de forma diferente se estamos emocional ou pessoalmente envolvidos. Aqui está um exemplo do que quero dizer:

> *Sluggo:* "Aquele garoto novo da escola é um grande mané".
> *Nancy:* "Você não deve chamar as pessoas por nomes assim. Nunca faça isso".
> *Sluggo:* "Bem, só falei porque ele disse que você tinha cara de boba".
> *Nancy:* "O que mais aquele mané disse?".

Em seguida, pergunte a si mesmo: "As críticas melhoram minha imagem?". Desqualificar uma pessoa para se promover é a forma mais baixa de enaltecer o próprio ego. É típico de pessoas muito inseguras. Lembre-se de que não é necessário apagar a luz dos outros para que a sua brilhe.

A terceira pergunta: "As críticas me aborrecem ou agradam?". Quando criticar os outros é doloroso para você, é provável que isso lhe seja bom. Mas se sente o mais remoto prazer é melhor segurar sua língua.

Certifique-se de que a questão vale a crítica

A quem a crítica importará de fato? Às vezes, nosso orgulho nos leva a entrar em conflitos que nunca precisariam ter acontecido. Críticas contínuas e mesquinhas são marcas registradas de mentes limitadas. Só quem é pequeno pensa pequeno.

O segredo para não se permitir distrair ou aborrecer com coisas insignificantes é manter a cabeça em pé e os olhos no objetivo.

Seja específico

Quando se entra em confrontação, é preciso ser explícito, ainda que diplomático. Diga exatamente o que quer dizer e dê exemplos que reforcem seu ponto de vista.

Já tive um membro de minha equipe que enfrentava grande dificuldade quando precisava entrar em confrontações: ele detestava fazer as pessoas encarar as áreas em que precisavam mudar. Numa ocasião, em especial, eu o orientei. Ele ensaiava comigo tudo o que deveria dizer. Depois da confrontação, perguntava a ele como havia se saído. Ele me assegurava de que tudo correra bem e não havia mais problemas. Na verdade, ele dizia que as pessoas nem sequer o haviam questionado.

Naquele momento, eu sabia que alguma coisa estava errada. Consenso total não é uma reação normal à confrontação honesta. Dois dias depois, a verdade veio à tona. Uma das pessoas envolvidas disse-me: "Passamos quinze minutos com o pastor Fulano, mas não tínhamos a menor ideia do que ele queria nos dizer". O pastor passou meia hora rodeando a questão sem encaminhá-la de fato. Teria sido melhor se nem houvesse tentado interferir.

Se não é possível ser específico, não entre em confrontação. As pessoas podem dizer quando você está *patinando* num assunto, e com isso perderão o respeito.

Não enfraqueça a autoconfiança das pessoas

Procure pelo menos um motivo para elogiar antes de expor o problema. Evite declarações do tipo "você sempre... ou você nunca...". Demonstre que você tem confiança na pessoa, assim como na capacidade que ela possui de enfrentar a situação de maneira sensata.

Não compare as pessoas

Lide com as pessoas de maneira individual. Comparações sempre causam ressentimento, e ressentimento causa hostilidade.

Não há necessidade de criar um problema maior do que aquele que você já tem. Assim sendo, por que despertar reações exaltadas? Se você se prender apenas aos fatos, é menos provável que a outra pessoa se coloque na defensiva.

Seja criativo, ou então não entre em confrontação

Will Rogers dizia: "Não há nada mais fácil do que denunciar. Não é tão complicado ver que alguma coisa está errada, mas é preciso olhar com cuidado para enxergar a solução do problema". Olhe para além do problema e veja se pode ajudar a encontrar alguma solução. Para a maioria de nós é muito mais fácil criticar do que usar a criatividade. Mas se você não quer ajudar de alguma maneira a resolver o problema não está preparado para comentá-lo.

Ataque o problema, não a pessoa

Trate a questão. Quando uma confrontação passa para ataque pessoal, sua credibilidade é destruída. Você se vê numa situação em que não há chance de vitória. O resultado que se espera de um enfrentamento é que a pessoa que lhe ofendeu chegue a uma compreensão clara do problema e mude de atitude.

Confronte na hora certa

A hora certa é assim que você percebe que alguma coisa está errada. Quando você já fez o *trabalho de casa*, então está preparado. Às vezes as pessoas me falam sobre os problemas que enfrentam no relacionamento e pedem conselhos. O cenário é sempre o mesmo, assim como minha orientação: não há como escapar da necessidade de diálogo.

Quando se espera muito, perde-se o momento oportuno, e a questão fica no passado. Se você confronta a pessoa na hora certa, pode esclarecer os fatos com maior facilidade e usar o episódio como oportunidade para ajudar o outro a crescer.

Olhe para si antes de olhar para os outros

Em vez de colocar as pessoas no lugar onde acha que elas devem ficar, ponha-se no lugar delas. Você já fez aquilo que está usando para acusar os outros? Ou deixou de fazer algo que também é o fracasso da outra pessoa? Olhe a situação a partir de outro ponto de vista. Pode ser que descubra ser a pessoa que precisa mudar.

Encerre a confrontação com encorajamento

Sempre conceda um tratamento do tipo *sanduíche* às confrontações. *Sanduíche* é a crítica que vem entre um elogio no começo e uma palavra de incentivo no fim. Privar uma pessoa desencorajada de esperança é cruel e vingativo. Goethe, poeta alemão, disse: "A correção faz muito, mas o incentivo faz mais. Encorajar depois de censurar é como o sol depois da chuva".

Em meu esforço para simplificar ao máximo as coisas, apresento descrições de formas variadas de reação à confrontação, resumidas, cada uma, em apenas uma palavra.

- *Fracos:* são as pessoas que nunca tiram proveito das confrontações. Não aguentam por muito tempo. Seu ego é muito frágil.

- *Espiões:* suspeitam de todo mundo. Dão início a uma investigação para descobrir quem quer puxar o tapete de quem na organização. Costumam evitar riscos para não fracassar de novo.
- *Cozinheiros:* algumas pessoas simplesmente ficam perturbadas, e podem fugir da confrontação ou cozinhá-la em banho-maria.
- *Mentirosos:* são aqueles que sempre têm uma desculpa para cada erro. Por essa razão, nunca encaram a realidade da situação.
- *Chorões:* sensíveis demais, magoam-se nas confrontações. Ao contrário dos fracos, não vão embora, mas ficam se lamuriando, na esperança de que alguém perceba como foram maltratados e se solidarize com eles. Têm complexo de mártir.
- *Escapistas:* a atitude dos escapistas se resume a constatar que há um problema, mas não se dispor a fazer nada. Eles não aceitam nenhuma responsabilidade para resolver a situação.
- *Falcões:* é a categoria daqueles que recebem as críticas e voam mais alto. Aprendem com o que ouvem e se tornam ainda melhores.

Em qual categoria você se encaixaria no passado? Existe alguma mudança que possa fazer antes de ser capaz de ouvir críticas e voar mais alto? Desafio você a começar hoje.

Faça acontecer
Princípios pessoais

- Se seu desejo é manter-se afastado da multidão, está assumindo uma posição vulnerável e pode contar com algum tipo de crítica.
- Quando você se dispõe a arriscar o pescoço, tem sempre alguém a fim de cortá-lo. Não permita que essas ameaças o desviem do desejo de ser tudo de que é capaz. Voe acima disso.
- A pergunta não é: "Será que vou enfrentar críticas?". A questão é: "Como posso lidar com críticas e confrontações e aprender alguma coisa?".
- Se você pode desenvolver á capacidade de rir de si mesmo, viverá muito mais tranquilo quando tiver de fazer ou receber críticas.
- Uma atitude negativa pode ser mais destrutiva do que a própria crítica. O desânimo faz os desafios tornarem-se maiores.
- Para estabelecer relacionamentos fortes é preciso saber receber as críticas com graça, mas também há momentos em que você precisa ser o crítico. É possível confrontar sem destruir um relacionamento.

Os princípios na prática

Aplicarei os princípios contidos neste capítulo em meus relacionamentos pessoais das seguintes maneiras:

1. ....
   ....
   ....

2.

3.

10

Alguém em quem as pessoas podem confiar

Faça da integridade elemento fundamental de seus relacionamentos

As pessoas precisam ver o que pretendem ser. Uma charge dizia: "Por mais que você ensine à criança, ela insistirá em se comportar como os pais". Essa é, certamente, uma verdade que os pais devem reconhecer.

Dennis, o Pimentinha, costuma reforçar a afirmação. Certa ocasião, enquanto segurava o que havia sobrado de um triciclo todo despedaçado, ele perguntou ao pai: "Quais são aquelas palavras que o senhor usa quando erra uma tacada no golfe?". Dennis aprendeu que há um jeito de se comportar quando se está frustrado.

Quando disciplino alguém é importante ser ou fazer o que ensino ou peço às pessoas. Trata-se de uma verdade crucial: ensinamos o que sabemos, mas reproduzimos o que somos. Ensinar os outros a fazer a coisa certa é maravilhoso. Fazer a coisa certa é ainda melhor. Pode ser que dê mais trabalho para ensinar, mas é uma maneira bem mais fácil de aprender.

O dr. James Dobson, psicólogo e escritor, revela que as crianças começam a assimilar a orientação espiritual e de valores dos pais mais ou menos aos 5 anos de idade. Nos primeiros anos de vida de seus filhos, o principal modelo de comportamento é você. É a pessoa mais importante na vida deles. Se o que você diz não combina com seu comportamento, eles optarão por imitar o que veem, não o que ouvem.

Nas palavras de Zig Ziglar, "Seus filhos prestam mais atenção no que você faz do que naquilo que você diz". Assim, o presente mais valioso que você pode dar a eles é o exemplo de fé cristalina, coerente e disciplinada em Deus. É mais importante que vejam isso no início da vida. Aquilo que aprendem e consolidam nesses primeiros anos continua com eles, ajudando-os a passar pela turbulência da vida adolescente.

Incentivo gera crescimento

O incentivo tem o mesmo poder da chuva fina nas plantas: garante crescimento sólido. O segredo da genialidade do empresário e filantropo Andrew Carnegie no que se refere a ajudar no desenvolvimento das pessoas era sua capacidade de incentivar as virtudes e reduzir as repreensões ao mínimo. A confiança se enfraquece quando há muita censura. A história a seguir, sobre uma cantora, demonstra essa verdade.

Ela fez sua estreia aos 5 anos, numa cantata da igreja. O diretor do coral disse aos pais da menina que um dia ela seria uma grande cantora. Toda a congregação se apaixonou pela jovem de tranças — sua voz, sua segurança, sua presença de espírito no palco.

Ela continuou a cantar, e depois da faculdade foi estudar música em Chicago. Um de seus orientadores era um homem chamado Fritz. Embora tivesse idade para ser seu pai, ela se apaixonou por ele e se casaram. Onde a moça cantasse Fritz estava junto. Depois da apresentação, ele fazia as críticas, sempre a impulsionando rumo à perfeição. E colocou vários despertadores no apartamento onde moravam para lembrá-la de que era hora de ensaiar. Como tinha ouvido musical bem treinado, Fritz captava a menor imperfeição.

Aos poucos, ela passou a cantar pior, em vez de melhorar. Diretores musicais deixaram de contratá-la. Pressionada pelas críticas, ela estava perdendo a segurança e a naturalidade. Seu espírito estava cedendo.

Durante a queda na carreira da cantora, o marido morreu. Mesmo depois disso, ela ainda cantava mal, assombrada pela voz de Fritz, sempre apontando erros. Dois anos depois, ela encontrou um vendedor alegre e espirituoso chamado Roger. Ele entendia pouco de música, mas adorou a voz da mulher e a encorajou a cantar de novo. Poucos meses depois, estavam casados.

Os amigos perceberam que ela parecia ter recuperado a segurança, e que os problemas de sua voz haviam desaparecido. Seu canto voltara a ser puro e gracioso, como em sua infância. Os diretores musicais logo voltaram a procurá-la.

O primeiro marido dessa mulher, embora tivesse boas intenções, conseguiu fazer mal ao espírito e à voz da esposa pelo excesso de críticas. O segundo homem, diferentemente, ofereceu encorajamento quando acentuou apenas o que tinha ela de bom.

Ainda não encontrei uma pessoa, seja qual for o estágio da vida em que esteja, que não tenha melhor desempenho num clima de aprovação do que sob críticas. Já existem críticos demais no mundo. Precisamos é de mais gente na torcida! Você pode aprender a ser um encorajador colocando em prática os conselhos a seguir.

- *Valorize as pessoas pelo que são:* essa é uma verdade importante na vida das crianças. Elas têm um jeito de reproduzir o que ouvem a seu respeito. Há algum tempo, assisti a um *talk show* dedicado ao tema do suicídio de adolescentes. Cada vez mais jovens tentam o suicídio como forma de fugir das exigências da vida. Eles acreditam que jamais poderão alcançar os padrões que os pais e outras pessoas esperam. Só se sentem valorizados quando fazem tudo corretamente, não porque são pessoas singulares e de valor inestimável. Com isso, muitos garotos e garotas enxergam a vida como um jogo em que sempre se perde.

• *Parta do princípio de que elas farão o melhor que podem:* quando trabalho com outras pessoas, procuro sempre não olhar para elas como são, mas como podem ser. Crendo que a visão se tornará realidade, fica fácil incentivá-las quando se esforçam. Aumente seu nível de otimismo, e o potencial delas também crescerá.

• *Admire-as por suas realizações:* agradeça-lhes e elogie pelas coisas que fazem. Lembre-se de que nem só de pão vive o ser humano. Às vezes, ele precisa de um pouco de manteiga. Pense nos efeitos que o elogio produziu naquela cantora.

• *Aceite sua responsabilidade pessoal:* se você exerce liderança, é responsável por sentir como está o ânimo delas, de vez em quando. Tenho grande admiração pelo treinador Bear Bryant, que falou o seguinte: "Sou só um caipira do Arkansas, mas aprendi a manter uma equipe unida — a incentivar alguns, acalmar outros, até que estejam na mesma sintonia e formem um time de fato. Só lhes digo três coisas: se alguma coisa saiu errada, fui eu que fiz; se saiu quase boa, nós fizemos; e se foi muito boa vocês fizeram. Basta isso para tornar as pessoas vencedoras.

Volto a enfatizar a importância do caráter quando se trata de gerar confiança. O bispo Able Muzore conta sobre um período crítico de sua vida em que seu povo pediu que liderasse o Conselho Nacional Africano. Ele sabia que todos os líderes anteriores da Rodésia que criticaram as políticas governamentais contra os negros haviam sido deportados, presos ou mortos.

O bispo pensou muito e orou como nunca. Não queria ser morto, deportado nem isolado numa prisão, mas seu povo queria ser liderado por ele. Na época em que lutou para chegar a uma decisão, um amigo entregou-lhe este poema:

> As pessoas são irracionais, ilógicas e egoístas — mesmo assim, ame-as!
> Se você fizer o bem, será acusado de tê-lo feito por interesses pessoais — mesmo assim, faça o bem!
> Se for bem-sucedido, ganhará amigos falsos e inimigos verdadeiros — mesmo assim, corra atrás do sucesso!
> O bem que você faz hoje será esquecido amanhã — mesmo assim, faça o bem!
> A honestidade e a franqueza o tornam vulnerável — mesmo assim, seja honesto e franco!
> As melhores pessoas com as melhores ideias podem ser aniquiladas pelas pessoas pequenas com ideias pequenas — mesmo assim, pense grande!
> As pessoas favorecem os desprovidos, mas seguem apenas os poderosos — mesmo assim, lute por alguns desprovidos!
> Aquilo a que você dedica anos de trabalho pode ser destruído de um dia para o outro — mesmo assim, dedique-se!
> Ofereça ao mundo o melhor de que dispõe, e a retribuição pode ser uma agressão — mesmo assim, ofereça ao mundo o melhor de que dispõe!

Tenha fé nas pessoas

Espere cada vez mais das pessoas acreditando no que podem oferecer de melhor. Quando percebem que alguém acredita nelas, começam a acreditar em seus sonhos. Há anos falei a profissionais de venda sobre o grau de expectativa que seus supervisores tinham a seu respeito. Expliquei que nossa maneira de ver uma pessoa se reflete na forma de a tratarmos. Se temos grande expectativa e acreditamos em alguém, nós o encorajaremos. Ou seja, é o princípio segundo o qual devemos ver as pessoas não como são, mas como podem ser.

O administrador da igreja que pastorei pôs sua casa à venda. Certo sábado, ele e a mulher colocaram placas pela vizinhança, anunciando a oferta. Enquanto se preparavam para aquele dia, Ken disse à esposa, Mary Lynn: "Vai ter gente de todo tipo entrando e saindo da casa hoje, a maioria sem dinheiro ou intenção de comprar. Mas vamos tratá-los da mesma maneira, quer dizer, como se fossem nossos convidados".

Como previsto, receberam dezenas de pessoas que foram apenas para olhar. Um casal jovem, na casa dos 20 anos, pediu para ver o imóvel. Disseram que eram recém-casados; ela não trabalhava e ele acabara de começar num emprego novo. Depois da visita, agradeceram e saíram. Ken e Mary Lynn comentaram: "Bem, esses nós não veremos mais".

Entretanto, trinta minutos depois eles viram um carro muito caro estacionar diante da casa. O mesmo casal jovem voltara, dessa vez com os pais de um deles. O pai apertou a mão de Ken e disse: "Os garotos gostaram mesmo de sua casa. Vamos pagar à vista. Quando podemos assinar a escritura?".

Tenho certeza de que o alto grau de expectativa de Ken e Mary Lynn serviu como um filtro para cada pessoa que entrou naquela casa. Eles não faziam ideia dos benefícios que uma atitude positiva proporcionaria.

Muita gente, infelizmente, não coloca muita fé nos outros. Precisamos aprender a acreditar nas pessoas e compartilhar essa expectativa com elas. Comece a fazer isso. Todos nós podemos aprender alguma lição com o peixe-de-quatro-olhos, criatura bizarra encontrada nas águas equatoriais a oeste do Oceano Atlântico. O nome técnico do gênero desse peixe é *Anableps dowi*, que significa "o que olha por cima", porque sua estrutura ocular é fora do comum.

Singular entre os vertebrados, o *anableps* tem os olhos divididos em duas fileiras, e as metades superior e inferior de cada globo ocular operam de maneira independente, com córneas e íris separadas. Os olhos de cima projetam-se acima da superfície da água e permitem que o peixe-de-quatro-olhos procure comida e enxergue os inimigos no ar. Os olhos de baixo continuam focados na água, funcionando como os de outros peixes.

Dessa maneira, os *anableps* navegam normalmente e com facilidade, como peixes comuns. Contudo, também podem aproveitar sua capacidade notável de sobreviver participando do mundo *superior*, que está acima de seu ambiente básico. Eles enxergam os dois mundos.

Se pudermos desenvolver quatro olhos — dois para enxergar o que é e outros dois para ver o que pode ser — seremos capazes de ajudar os outros a sonhar. Todo mundo precisa ser apresentado a uma visão. É uma pena que nem sempre isso aconteça. Corra atrás de uma visão e leve junto aqueles que estão prontos para ampliar seu mundo.

Ajude os outros a alcançar o sucesso

Demonstre confiança nas outras pessoas ajudando-as a ser bem-sucedidas. Todo mundo conhece o ditado que diz: "O importante não é vencer ou perder" — até ser derrotado! A vitória potencializa a imagem que fazemos de nós mesmos, nossa perspectiva de vida, e aumenta nosso grau de otimismo. Ela nos dá a confiança de que somos capazes de vencer de novo.

Como ajudar alguém a ser bem-sucedido? É bem simples. Certifique-se de que os dons e as habilidades dessa pessoa são adequados às tarefas que ela executa. Caso contrário, estarão fadadas a fracassar. Procure discernir seus talentos e desejos e encontre as oportunidades disponíveis. Quando você usa a sensibilidade para descobrir uma atividade que combina com essa pessoa, nasce um forte laço de confiança e respeito.

Todo mundo gosta da glória de estar em evidência e da ideia de ter uma oportunidade para brilhar. Mas a pessoa madura apoia aquela que alcançou o reconhecimento. Por exemplo, compartilhei minha fé em Cristo de maneira eficaz por muitos anos, mas também treino outras pessoas para desenvolver suas habilidades como testemunhas do evangelho.

Se percebo que alguém com potencial se revela aberto e receptivo à ideia de assumir um compromisso com Jesus, ofereço a essa pessoa oportunidade de evangelizar. Da mesma forma, se ela demonstra alguma dificuldade, ofereço assistência. Para o líder, o sucesso está numa simples vitória. No entanto, quando a pessoa que foi orientada alcança o sucesso, a vitória é em dose dupla.

Capacite as pessoas para que continuem crescendo

"Dê a um homem um peixe, e ele come por um dia. Ensine-o a pescar e ele nunca terá fome". Em outras palavras, se você quer ajudar alguém, não ofereça um peixe, mas caniço, linha e anzol. Esse princípio se aplica à questão do crescimento pessoal. Eu e você não somos capazes de fazer ninguém se desenvolver, mas podemos dar a essa pessoa os instrumentos de que ela precisa para crescer.

Começamos a fazer isso mostrando que o crescimento é benéfico. É uma maneira de aguçar o desejo de vencer. Em seguida, apresentamos essa pessoa a outras que, tendo passado pela mesma situação, correram atrás do sucesso e o conseguiram. Assim, provamos que isso também é possível para ela. Por fim, oferecemos uma oportunidade para que coloque sua capacidade em prática. Da retaguarda nós a incentivamos.

No fim do século 19, um vendedor do leste dos Estados Unidos chegou a uma cidade de fronteira em algum lugar das Grandes Planícies. Enquanto conversava com o dono da loja de produtos em geral, chegou um fazendeiro. O proprietário pediu licença e foi atender o cliente. O vendedor não tinha como evitar ouvir a conversa. Parecia que o fazendeiro estava pedindo para comprar fiado.

— Você vai fazer alguma cerca nesta primavera, Josh? — perguntou o sujeito da loja.

— Com certeza, Will — respondeu o fazendeiro.

— Aumentando ou diminuindo?

— Aumentando. Vou juntar mais uns 150 hectares além do riacho.

— Bom saber disso, Josh. Você tem crédito. É só dizer do que está precisando ao Harry lá atrás.

O vendedor não viu muito sentido naquilo.

— Já vi todos os tipos de financiamento — disse — mas nunca dessa maneira. Como funciona?

— Bem — respondeu o dono da loja — é mais ou menos assim: se um homem diminui a cerca, isso quer dizer que ele está desprezando o que tinha. Mas se a aumenta é sinal de que está crescendo. Ele trabalha com esperança. Por isso sempre dou crédito a alguém que está aumentando sua cerca.

Incentive as pessoas a aumentar a cerca. Ofereça o encorajamento e o conhecimento que lhes permitam expandir seus horizontes. Não serão apenas eles a ver as recompensas — você também terá o retorno. Acreditar nas pessoas e ajudá-las a confiar em si mesmas é uma maneira de estabelecer um relacionamento no qual todos os envolvidos se tornam vencedores.

Faça acontecer
Princípios pessoais

- Aqueles que são dignos do mais alto grau de confiança desenvolveram seu caráter e conquistaram esse direito. Quando se firma esse fundamento importante, relacionamentos sólidos e positivos são estabelecidos e alimentados pelo incentivo e pela coerência.
- A confiança depende pouco do nome da pessoa, de sua situação, de quanto dinheiro tem no banco ou de sua posição. A chave para uma confiança sólida e segura reside no caráter da pessoa que lidera.
- Segredos para se tornar uma pessoa confiável:
  Mostre que contribuição quer oferecer.
  Seja um encorajador.
  Tenha fé no que os outros têm de melhor.
  Ajude as pessoas a alcançar o sucesso.
  Capacite-as para que continuem crescendo.

Os princípios na prática

Aplicarei os princípios contidos neste capítulo em meus relacionamentos pessoais das seguintes maneiras:

1. ....
....
....
....

2. ....
....

....

....

3. ....

....

....

....

11

Um time vencedor

Ajude outras pessoas a alcançar sucesso

CERTA NOITE, DEPOIS DE TRABALHAR até tarde, peguei um exemplar da revista *Sports Illustrated*, esperando adormecer durante a leitura. O efeito, porém, foi inverso. Na contracapa daquela edição havia um anúncio que atraiu minha atenção e ativou meu cérebro. Em destaque, havia uma foto de John Wooden, treinador que liderou a equipe de basquete do Bruins, da Universidade da Califórnia em Los Angeles (Ucla), por muitos anos. O *slogan* dizia: "O cara que coloca a bola no aro tem dez mãos".

John Wooden era conhecido como "mago de Westwood". Numa sequência de doze temporadas, ele conquistou dez campeonatos nacionais de basquete universitário para a Ucla. Quase não se ouve falar do bicampeonato, mas todos sabem que ele liderou a equipe quando os Bruins venceram por sete vezes consecutivas! Para chegar a essa façanha, foi necessário apresentar um basquete consistente e de alto nível. Exigiu boa orientação e muito treino. Mas a chave do sucesso dos Bruins foi o conceito sólido de trabalho de equipe que Wooden estabeleceu.

Aquele anúncio era interessante porque dizia muito sobre trabalho em equipe. Quando um jogador de basquete se torna um *cestinha*, vira herói. Mas será que ele poderia alcançar altos índices de pontuação se enfrentasse os adversários sozinho? Duvido. É necessário contar com mais oito mãos para preparar as jogadas e o caminho de seu sucesso. O tempo todo, o trabalho foi de uma equipe.

Em Gênesis 11.1-6 lemos o relato de um trabalho de equipe: a construção da torre de Babel. Nesse texto encontramos alguns conceitos fundamentais que podem ajudar na formação de um time eficiente.

> Naquele tempo todos os povos falavam uma língua só, todos usavam as mesmas palavras. Alguns partiram do Oriente e chegaram a uma planície em Sinar, onde ficaram morando. Um dia disseram uns aos outros: — Vamos, pessoal! Vamos fazer tijolos queimados! Assim, eles tinham tijolos para construir, em vez de pedras, e usavam piche, em vez de massa de pedreiro. Aí disseram: — Agora vamos construir uma cidade que tenha uma torre que chegue até o céu. Assim ficaremos famosos e não seremos espalhados pelo mundo inteiro. Então o SENHOR desceu para ver a cidade e a torre que aquela gente estava construindo. O SENHOR disse assim: — Essa gente é um povo só, e todos falam uma só língua. Isso que eles estão fazendo é apenas o começo. Logo serão capazes de fazer o que quiserem.

Quero deixar muito claro que os esforços que estavam sendo empreendidos eram por uma causa errada. Mas Deus viu o poder inacreditável de um grupo de pessoas. Dos versículos 1 a 6, vemos como desenvolver um time de sucesso. Há apenas dois ingredientes essenciais: primeiro, um objetivo em comum; segundo, a capacidade de comunicar esse objetivo. "Agora vamos construir [...] uma torre" expressa tanto o desejo de trabalhar juntos quanto o objetivo desse trabalho.

Além disso, é uma frase que comunica a motivação: queriam construir para eles. Deus não gostou do que viu porque o propósito era ruim. Por essa razão, no versículo 7 lemos que ele decide acabar com a equipe. Apesar disso, o relato nos fornece um ótimo exemplo da importância de um bom trabalho de grupo.

É fácil entender como funciona um time no esporte. Seu objetivo é claro porque as luzes e os números acendem quando ele é alcançado. Você sabe que se trata de uma equipe porque todos usam o mesmo uniforme. Seu propósito e seu foco são claros porque toda a atenção está voltada para a bola, para a qual convergem todos os movimentos.

Mas há outros tipos de equipe mais difíceis de analisar. Usar o mesmo uniforme (seja uma camisa, seja um colar clerical), trabalhar no mesmo escritório ou receber salário da mesma organização não significa que todos estão no mesmo time. A uniformidade não é o segredo do trabalho de equipe bem-sucedido. O que cria laços num grupo é a unidade de propósitos.

Aprendi uma coisa sobre o trabalho de equipe no ensino médio, quando jogava basquete. Havia alguns alunos talentosos, e todos, com exceção de dois, eram suficientemente altos para fazer enterradas. A expectativa era ficar em terceiro ou quarto lugar no campeonato estadual, mas nossa equipe tinha um problema: havia uma divisão entre os novatos e os veteranos.

Na formação inicial, havia dois novatos e três veteranos, e em vez de a bola ser entregue a quem estivesse desmarcado o passe ia para o colega que estava na mesma série. Nosso time estava dividido. Brigávamos no vestiário e na quadra. Por causa da falta de um trabalho de equipe, não chegamos aonde poderíamos, apesar de tantos talentos no time. Não compartilhávamos objetivos.

Equipes vencedoras jogam para ganhar

São quatro os principais atributos que caracterizam um time vencedor. O primeiro de todos é o seguinte: um time vencedor joga para ganhar. Integrantes de equipe sabem que vitórias e derrotas são geralmente determinadas apenas pela atitude. A diferença entre jogar para ganhar e jogar para não perder costuma ser a mesma entre o sucesso e a mediocridade.

Quando os Jogos Olímpicos foram realizados em Los Angeles, nos anos 1980, foi publicado um artigo interessante sobre os melhores dos melhores que competiram. A conclusão era que a diferença entre os medalhistas de ouro e os de prata não era habilidade, mas atitude.

Quando me mudei para a Costa Oeste, a única coisa que ficou com um pedaço de meu coração foi o time de futebol americano do Estado de Ohio. Continuei a acompanhar os jogos da equipe pela televisão sempre que possível. As viagens ao Rose Bowl eram ainda mais especiais para mim.

Mas qualquer pessoa que conhece alguma coisa sobre futebol universitário sabe que, quando uma das dez maiores equipes vai à Costa Oeste para jogar, a vitória costuma ser do time da casa. Embora os times do leste sejam, com frequência, mais talentosos, não são de assumir riscos. Acho que as dez mais jogam para não perder. Não é uma estratégia vencedora.

Equipes vencedoras assumem riscos

A segunda característica de times vencedores é que assumem riscos. Minha filosofia de vida é: lançar a bola e correr atrás! Não adianta fazer um lançamento e não acompanhar a jogada, apenas torcendo que dê certo. Assuma o risco e veja no que vai dar. Isso é que faz a diferença entre a equipe vencedora e a medíocre.

Na parede de meu escritório há uma placa que diz: "Não preciso sobreviver". Quero que meu time tenha um desempenho superior à média. É muito melhor tentar e errar do que errar por não tentar.

O poema a seguir apareceu na coluna de Ann Landers. Cada linha contém uma verdade e um teste.

> Rir é arriscar-se a parecer tolo.
> Chorar é arriscar-se a parecer sentimental.
> Buscar o próximo é arriscar-se ao envolvimento.
> Expor os sentimentos é arriscar-se à rejeição.
> Apostar nos sonhos é arriscar-se a passar por ridículo.
> Amar é arriscar-se a não ser retribuído.
> Seguir em frente, apesar das dificuldades, é arriscar-se a fracassar.
>
> Mas os riscos devem ser assumidos, pois o maior perigo na vida é não arriscar nada.
> A pessoa que não arrisca nada não tem nada, não é nada.
> Pode evitar o sofrimento e a tristeza, mas não pode aprender, sentir, mudar, crescer ou amar.
> Presa à sua segurança, é uma escrava.
> Apenas uma pessoa que assume riscos é livre.

Adoro a história de um velho fazendeiro, mal vestido e descalço, que sentou nas escadas de sua cabana caindo aos pedaços, mascando grama. Uma pessoa que passava parou e perguntou se ele teria um copo de água. Tentando ser sociável, o estranho iniciou uma conversa com o fazendeiro.

— Como está a colheita do algodão neste ano? — perguntou.

— Não colhi nenhum — respondeu o matuto.

— Você não plantou nenhum algodão?

— Não. Tive medo das pragas.

— Bem — insistiu o estranho — e como está a plantação de milho?

—Também não plantei — disse o fazendeiro. —Tive medo de que não chovesse o suficiente.

— Então o que você plantou?

— Nada, mas também não corri nenhum risco.

Muitas pessoas bem-intencionadas vivem segundo a filosofia desse fazendeiro e nunca se aventuram a fazer alguma coisa diferente do que está no manual. Preferem não correr riscos. Gente assim nunca conhece o sabor da vitória, pois para vencer é preciso correr o risco de um fracasso.

C. T. Studd fez uma grande declaração sobre a questão de assumir riscos: "Por que há tanta gente que arrisca no jogo e tão poucos que se arriscam por Deus?". Ele é o mesmo missionário que, ao ser alertado para não voltar à África porque corria o risco de morrer como mártir, respondeu: "Glória a Deus, eu estava procurando uma chance de morrer por Jesus". Como pode um sujeito assim fracassar? Ele tem tudo para vencer e nada a perder.

Equipes vencedoras não se acomodam

A terceira característica de times vencedores é o fato de continuarem tentando melhorar. Sabem que o esforço para se aprimorar vale a pena. É interessante notar que, durante os anos 1980, nenhum time dos campeonatos profissionais norte-americanos de basquete, beisebol e futebol venceu duas vezes seguidas. É difícil manter-se no topo. E quando se chega lá a tendência é tentar manter a situação e descansar sobre os louros.

Trata-se de um grande erro, pois há sempre alguém logo abaixo na tabela com fome de vitória, disposto a fazer os sacrifícios necessários e assumir os riscos para chegar ao topo. É mais fácil vencer quando não se tem nada a perder. Acomodar-se nunca vale a pena. Para continuar vencendo, é preciso disposição.

Lon Woodrum, amigo meu, é um orador, escritor e poeta formidável, mesmo com uma idade avançada. Ele estabeleceu uma meta: ler um livro por dia. Perguntei-lhe sobre isso, achando que, com sua idade, deveria levar a vida mais *na flauta*. Ele disse: "John, tenho a tendência de ficar preguiçoso. Quero que minha mente continue a se desenvolver e aprender. Quero morrer com um livro na mão". Lon quer viver até a morte chegar. Conheço muitas pessoas que respiram, mas já morreram há muito tempo!

O apresentador Art Linkletter expôs a questão da seguinte maneira:

> Nunca quero ser
> O que quero ser,
> Pois há sempre alguma coisa
> Que ainda quero ver.
> A vida é ingrata
> Nessa hora e nesse lugar,
> Mas não quero achar que sei
> A saída para escapar.
> Sempre existe uma montanha
> Com panorama estupendo,
> E algo a aprender
> Que nunca fiquei sabendo.
> Até que meus dias se findem,
> Ainda há muito para ver;
> Por isso prossigo
> Disposto a crescer.

A maior recompensa de quem deseja se desenvolver não é o que a pessoa ganha com isso: é o que ela se torna. Pergunte-se por que se aprimorar. É para receber alguma coisa em troca? Se é, sua motivação está errada. Tente fazer isso para se tornar uma pessoa melhor.

Integrantes de equipes vencedoras cuidam uns dos outros

A quarta característica de um time vencedor é que todos os membros se preocupam com o sucesso dos demais. Eles se potencializam. Andrew Carnegie percebeu que, antes de se tornar bem-sucedido, precisava promover o sucesso de seus funcionários. Certa vez, ele disse: "É um marco em seu desenvolvimento descobrir que os outros podem ajudá-lo a fazer um trabalho melhor do que se você tentasse realizá-lo sozinho".

No mundo dos negócios, ele ficou conhecido por sua disposição impressionante de promover o desenvolvimento das pessoas. Houve uma vez em que teve trinta milionários trabalhando para ele. Era quando 1 milhão de dólares valia muito mais do que vale hoje. Alguém perguntou a Carnegie como convenceu tanta gente rica a trabalhar para ele. Sua resposta foi simples: eles não eram milionários antes de serem contratados. Enriqueceram enquanto estavam trabalhando com Carnegie.

— Como você encontrou essas pessoas? — todos queriam saber.

— É como procurar ouro numa mina — ele respondeu. — Quando começa, você pode ter de remover toneladas de terra para encontrar uma pepita. Mas ao cavar para encontrar ouro ignoramos a terra.

Charles Brower afirmou: "Pouca gente alcança o sucesso sem que muitas pessoas contribuam". Você lembra quando

Edmund Hillary e seu guia nativo, Tenzing, fizeram sua escalada histórica ao cume do monte Everest? Durante a descida, Hillary escorregou de repente. Tenzing segurou firme a corda e os livrou da queda cravando o machado no gelo. Mais tarde, Tenzing recusou qualquer crédito especial por salvar a vida de Hillary. Ele considerou aquele episódio parte de seu trabalho. Em suas palavras: "Escaladores sempre ajudam um ao outro".

Se você gosta de esportes, talvez se lembre da época de glória do time de basquete dos Boston Celtics e de Red Auerbach. Quando ele percebia que o time vencera o jogo, sempre acendia seu charuto. Era sua marca registrada. Ao acender o charuto, estava enviando sinais de fumaça ao outro time: "Vencemos!". Quando posso dizer que minha equipe está trabalhando unida num projeto vencedor, acendo mentalmente meu charuto.

E como formar uma equipe vencedora? Três áreas importantes determinam o sucesso do time: contratar, dispensar e inspirar. Vamos analisar uma de cada vez.

Contratar bem

O mais importante aspecto de qualquer organização é a qualidade de sua equipe. Grandes treinadores sabem que inspiração não basta para vencer. É preciso talento. Por causa disso, eles dão grande importância às contratações. Times que aparecem por acidente só ganham por acidente.

A maioria dos pastores de grandes igrejas diz que formar uma equipe é sua principal frustração. Há anos, participei de um fórum com pastores de algumas das maiores igrejas dos Estados Unidos. Nossa agenda incluía vários temas para discussão. O primeiro item era: "O que mais o frustra no ministério?". Sem exagero, posso dizer que 80% dos dois dias e meio seguintes foram dedicados a discutir formação de equipes e problemas relacionados a isso. Em vez de se mobilizarem junto com seus colaboradores para atingir objetivos comuns, muitos daqueles pastores veteranos estavam preocupados com problemas em suas equipes.

Talvez você esteja lendo isso e achando que, por ter uma igreja menor, com apenas um integrante na equipe, esta seção não lhe interessa por não se aplicar à sua situação. Não cometa o erro de pensar que é possível ter sucesso trabalhando com colaboração de qualidade inferior, por menor que seja sua congregação.

O inverso também é verdadeiro. Numa empresa com uma centena de funcionários, se um estiver abaixo da linha de qualidade, a perda é de 1%. Mas se uma igreja tem uma folha de pagamento com dois nomes e um deles trabalhar mal a perda é de 50%.

Kurt Einstein, escrevendo para a revista *Success*, afirmou que contratar a pessoa errada é um erro muito caro. E despedi-la seis meses depois custará à empresa pelo menos dois anos de salário. Fica fácil entender o prejuízo financeiro de contratar a pessoa errada.

Há três obstáculos quando se procura contratar uma equipe extraordinária, especialmente nos círculos cristãos. *O primeiro é conseguir referências dos empregadores anteriores.* Informações honestas são, quase sempre, contaminadas pela tolerância, porque ninguém quer prejudicar um trabalhador. É minha responsabilidade como cristão ser o mais objetivo possível quando fornecer uma referência. Proceder de outra maneira seria um engodo. Um empregador não faz nenhum favor a um funcionário quando o recomenda a um trabalho ao qual ele não está capacitado.

Outro obstáculo para se formar uma equipe de alto nível é o fato de que você provavelmente lidera uma organização pequena, que tem pouco a oferecer em comparação com as maiores. Mas aceite meu conselho: não permita que a dimensão de sua igreja ou organização determine a qualidade de sua equipe. Procure os melhores e ofereça sua visão para o futuro. Não apresente a situação atual, a não ser que não planeje progredir.

Contrate uma pessoa que assuma seu sonho. Se ela entender que você tem capacidade de fazer daquele sonho realidade, pode ser que se disponha a deixar uma situação confortável para assumir um desafio com entusiasmo.

Rick Warren, pastor da Saddleback Valley Community Church, no sul da Califórnia, demonstrou esse tipo de espírito empreendedor quando respondeu ao chamado de Deus de iniciar uma igreja. Como pastor assistente de uma igreja com mais de três mil membros, ele assumiu interinamente a congregação quando o pastor presidente saiu. A igreja acenou a Warren com a possibilidade de ele assumir a liderança. Ele recusou. Firme em sua visão de fundar uma nova igreja, ele desistiu de algo que estava em suas mãos.

O terceiro obstáculo na formação de uma equipe de gabarito é não saber que qualidades se deve procurar nas pessoas. Talvez você saiba qual é o trabalho a ser feito, mas não tenha convicção a respeito dos requisitos necessários para executar bem a tarefa. Aqui está uma fórmula de contratação que o ajudará a fazer avaliações:

Relacionamento + Atitude × Talento + Expectativa = Produção

Vamos analisar a importância dessas palavras.

Relacionamentos

Kurt Einstein disse o seguinte sobre essa característica importante nas relações de trabalho: "Entre todas as pessoas, 87% fracassam não por falta de capacidade, mas por causa da personalidade". Elas erram não porque são incapazes de fazer o trabalho, mas porque não conseguem se dar bem com os colegas.

Se você trabalha por conta própria, talvez não precise de tantas habilidades relacionais. No entanto, se trabalha com outras pessoas, precisa ter (ou desenvolver) a capacidade de interagir positivamente com elas. Você tem facilidade para conversar com os outros? Sabe ouvi-los? Tem senso de humor e sabe rir de si mesmo sem ficar melindrado? Gosta de trabalhar cercado de gente? É uma pessoa acessível e agradável?

O líder de qualquer grupo precisa refletir certos elementos essenciais nos relacionamentos. Em primeiro lugar, deve respeitar sua equipe, que não só assimilará esse respeito, como também corresponderá. Ele também precisa garantir uma comunicação aberta e honesta sobre qualquer tipo de assunto. Esse tipo de comunicação cria uma atmosfera de confiança que é fundamental num grupo de pessoas que quer funcionar como equipe.

Alguns líderes são muito inseguros e, por isso, temem confiar naqueles com quem trabalham. Esse tipo de líder olha para os outros com suspeita, conjecturando possíveis segundas intenções: será que algum membro da equipe está tentando *puxar seu tapete*? Veja se seus medos se justificam. Se a resposta for negativa, livre-se deles e confie em seu pessoal.

Um líder pode se magoar por um entre dois motivos. Pode ser que ele não confie em ninguém e mantenha a equipe a distância, sem jamais se abrir com ela. Embora seus sentimentos não sejam atingidos por não permitir a aproximação de ninguém, será magoado de outras maneiras, pois ninguém o ajudará. Sua jornada será solitária, sem ninguém para abraçar, amar ou compartilhar as alegrias do ministério.

Além disso, quando um líder opta por uma relação aberta e transparente, pode ser magoado por alguém que queira tirar vantagem daquela confiança. É um risco que vale a pena ser assumido. Eu detestaria pensar nas amizades tão profundas e ricas que deixaria de formar se não tivesse me arriscado a confiar nas pessoas.

Atitudes

Este é um critério de desempate na hora de contratar um integrante para a equipe. Se eu entrevistar duas pessoas que estejam na mesma situação, suas atitudes sempre determinarão minha decisão. Não importa a capacidade de uma pessoa, se sua mentalidade for negativa, sua presença destruirá o time.

Uma mentalidade negativa manifesta-se num espírito crítico e na falta de apoio a outros membros da equipe. Se eu sentir que talvez esse seja o problema de um dos integrantes do time, essa pessoa logo estará procurando um novo emprego. Posso ajudar quem deseja desenvolver suas capacidades, mas somente ela será capaz de mudar sua atitude.

Talento

O empresário Jim Cafcart procura três coisas nas pessoas que quer ajudar a se tornar mais produtivas:

- *Talento:* em que elas são boas?
- *Interesses:* o que as fascina?
- *Valores:* em que elas acreditam?

Interesses e valores determinam, em grande parte, como e até que ponto alguém usa seus talentos. O fato é que não somos iguais. A parábola dos talentos, no evangelho de Mateus, certamente destaca essa verdade. A capacidade do empresário para discernir os dons e as habilidades dos potenciais funcionários é essencial para o sucesso do time.

Expectativas

Um líder precisa saber o que os integrantes de sua equipe esperam dele, e a equipe precisa saber o que se espera dela. Aqui estão algumas de minhas expectativas em relação àqueles que trabalham comigo:

- *Crescimento:* espero crescimento pessoal contínuo, assim como da área em que as pessoas trabalham. Cada membro da equipe deve expandir ao máximo sua capacidade. Os resultados serão visíveis. Quando isso acontece, cada área da liderança sente o efeito positivo.
- *Trabalho de equipe:* o todo é mais importante que as partes. Embora cada integrante do time deva produzir resultados em seu departamento, esse crescimento está subordinado à saúde da organização como um todo.
- *Liderança:* elas precisam aprender a influenciar pessoas e promover seu crescimento. Isso geralmente acontece quando os membros da equipe expandem seu potencial e se desenvolvem.

Certa vez, vi na revista *Leadership* [Liderança] uma charge de um pastor sentado em sua mesa, falando ao telefone. O texto dizia: "Então, vejamos: você leva duas secretárias e um diretor de coral em troca de um pastor assistente e um líder de solteiros?". Isso remete ao próximo aspecto da formação de uma equipe: dispensa de membros.

Dispensar corretamente

Ser liberado das responsabilidades de alguém pode causar um efeito devastador numa pessoa. Não é uma atitude a ser tomada de maneira precipitada, mas só depois de reflexão cuidadosa e oração. As perguntas a seguir podem ajudar a tomar a decisão.

Primeiro: a igreja ficou grande demais para o pastor ou o pastor ficou grande demais para a igreja? Não é raro acontecerem as duas coisas.

Sei o que é perceber que o desafio se foi e que é hora de descobrir novas possibilidades. Também conheci igrejas que avançavam enquanto o pastor ficava sentado, torcendo as mãos e tentando imaginar o que fazer numa situação cujo controle lhe escapava.

Antes de deixar um integrante da equipe ir embora, é preciso levantar outra questão: *quem acha que aquela pessoa precisa ser substituída?* Se eu, como pastor ou líder, sou o único que acredita na necessidade de uma mudança, então devo ser cauteloso. Talvez haja um conflito de personalidade que requer atenção e solução.

Quando chega a hora de mudar, mais de uma pessoa deve sentir a mesma coisa. Outros membros da equipe e da diretoria, elementos estratégicos, e até a pessoa em questão sentirão a necessidade de mudança. Para evitar prejuízos pessoais e injustiças, pedia à diretoria da igreja que pastorei que participasse de uma avaliação anual de todos os integrantes da equipe. Isso fornecia uma visão ampla da eficácia de cada um.

A terceira pergunta a ser respondida: *qual é a base dessa dispensa?* Que questões são tão sérias a ponto de levar à saída de alguém? De longe, o fator mais importante a ser analisado é a integridade moral. Quando há um problema básico de caráter — mentira, desonra moral, fraude — uma dispensa imediata entra na pauta.

Estou convencido de que, quando uma pessoa perdeu sua confiança, seu ministério e seu serviço chegaram ao fim numa comunidade cristã. É claro que creio em perdão, reabilitação e restauração à comunhão, mas não à posição que ocupava.

Outra possível justificativa para uma demissão é a identificação de sérios problemas relacionais. Se alguém está sempre em desacordo com os outros membros da equipe, é preciso que saia. Ou quando o integrante do time apresenta uma atitude negativa em relação à igreja ou à organização é hora de deixá-lo partir. Pensamento negativo pode se espalhar como um câncer. Por fim, se alguém demonstra falta de capacidade tão séria a ponto de não haver possibilidade de correção, deve ser liberado.

A obrigação de um pastor é ter a melhor pessoa possível para ocupar cada cargo. A diretoria da igreja o considera responsável por isso. Se negligenciar sua tarefa, significa que ele não colocou o potencial mais elevado da igreja como prioridade. A equipe também cobrará isso. O próprio emprego do pastor estará em jogo se houver alguém capaz de liderar e servir melhor.

Se a demissão é necessária, como fazer disso algo menos desagradável? Digamos que todas as questões já tenham sido analisadas. Tentou-se equilibrar perdão com confiança e responsabilidade. Mesmo assim, a decisão é clara: a pessoa deve ser removida do ministério ou do cargo que ocupa na organização. E aí?

Antes de tudo, faça isso pessoalmente. Uma carta ou um memorando é muito cruel e impessoal, e abre espaço para sentimentos de abandono e amargura. Um encontro pessoal é uma oportunidade de manifestações como choro, raiva e outras emoções que acompanham o choque. Além disso, a pessoa demitida terá a chance de fazer perguntas. É claro que a notícia deve ser passada de maneira rápida e direta, antes que algum rumor chegue aos ouvidos daquele que será dispensado.

Seja gentil. Não há necessidade de escrever uma lista de deficiências da pessoa. Na verdade, ela deveria ter recebido essa lista bem antes de ser dispensada, junto com um período de observação em que poderia tratar os problemas.

Quando a demissão acontece, o funcionário pode ficar nervoso ou na defensiva. Essa é a hora de uma resposta branda. Gentileza, porém, não pressupõe desonestidade. Se a pessoa não está capacitada para o ministério ou para a liderança, é mais prejudicial fingir que o motivo é outro. Lembre-se de que a maneira e a hora de dar a notícia podem aliviar o choque.

Não demita com rancor nem maldade no coração. Quem dá a notícia da demissão deve estar sob o controle do Espírito Santo. Explosões emocionais ou ataques ao caráter da pessoa impedem que ela cresça e experimente a cura.

Cumpra essa responsabilidade sem muita demora. Quanto mais tempo a pessoa fica no cargo, menor será sua produtividade e mais prejudicial será ao desempenho dos demais. Um processo prolongado abre espaço para que as pessoas pressionem pela revisão da demissão e pela apresentação de desculpas pela baixa produtividade. Além disso, é possível que o líder perca a objetividade se começar a aceitar a pressão de grupos menores. Com isso, hesitará antes de dispensar o funcionário.

Seja criterioso. Nem todos os fatos precisam ser divulgados entre aqueles cujo interesse é espalhar boatos. Os detalhes da falha moral podem servir para estimular o apetite pelo escândalo mais do que para promover cura. Escolha suas palavras com cautela. Não faça as coisas piores do que já são, nem coloque o futuro da pessoa em risco desnecessariamente.

Antecipe-se às reações da pessoa a ser demitida e municie-se de respostas. Pense também no efeito da notícia de dispensa sobre aqueles que gostavam desse funcionário. Como ajudar aqueles que podem se sentir magoados ou ofendidos? Você precisa se envolver em algum tipo de processo de cura emocional? Por fim, pense em outros lugares que a pessoa possa procurar, se possível, e tente ajudá-la nessa transição.

Inspirar sempre

Harold S. Geneen, ex-diretor da IT&T dizia: "A essência da liderança reside na capacidade de inspirar os outros a trabalhar juntos como uma equipe, oferecendo o máximo de si para alcançar um objetivo comum".

O líder precisa pavimentar a estrada para seus seguidores, servindo como exemplo de atitude positiva e otimista. Um líder motiva seu time para seguir adiante na direção das metas quando o lembra continuamente da visão geral e da importância de atingir o objetivo.

Quando o líder demonstra com clareza suas expectativas oferece a seus colaboradores liberdade para criar. Mais importante ainda: um líder expressa a mais profunda inspiração quando acredita nas pessoas que trabalham com ele — quando elas sentem e sabem que ele as considera as melhores e confia nelas.

E. E. Kenyon, da revista *American Weekly*, compartilhou essa maneira infalível de inspirar a equipe (embora eu não a recomende). O chefe, geralmente frio, sorri de forma cordial para os vendedores que chamou para uma conversa.

— Bem, cavalheiros — ele diz — chamei-os aqui para anunciar uma campanha de vendas que acabo de iniciar, e que supervisionarei pessoalmente.

Empolgados, os vendedores reunidos murmuravam entre si, e uma voz mais exaltada gritou do fundo:

— E o que o vencedor ganha, sr. Smithson?

— Ele continua empregado — completou o patrão.

Faça acontecer

Princípios pessoais

- A uniformidade não é o segredo do trabalho de equipe bem-sucedido. O que cria laços num grupo é a unidade de propósitos.
- Características das equipes vencedoras:
Jogam para ganhar.
Assumem riscos.
Não se acomodam.
Seus integrantes cuidam uns dos outros.
- A pessoa que não se aventura nunca conhece o sabor da vitória, pois para vencer é necessário correr o risco de um fracasso.
- A maior recompensa de quem deseja se desenvolver não é o que a pessoa ganha com isso: é o que ela se torna.
- É um marco em seu desenvolvimento descobrir que os outros podem ajudá-lo a fazer um trabalho melhor do que se você tentasse realizá-lo sozinho.
- Relacionamento + Atitude x Talento + Expectativa = Produção.
- A essência da liderança reside na capacidade de inspirar os outros a trabalhar juntos como uma equipe, oferecendo o máximo de si para alcançar um objetivo comum.

Os princípios na prática

Aplicarei os princípios contidos neste capítulo em meus relacionamentos pessoais das seguintes maneiras:

1. ....
....

2. ....
....
....
....

3. ....
....
....
....

Compartilhe suas impressões de leitura escrevendo para:
opiniao-do-leitor@mundocristao.com.br
Acesse nosso *site*: www.mundocristao.com.br

Diagramação: Luciana Di Iorio
Imagem: Getty Images / Purestock
Revisão: Tereza Gouveia
Fonte: Adobe Garamond Pro
Gráfica: Assahi
Papel: Pólen Soft 70/gm² (miolo)
Cartão 250/gm² (capa)